Christoph Fasching
im Auftrag von
Erzengel Jophiel

Die Heilung,
die dir zusteht

ch. falk-verlag

Originalausgabe
© ch. falk-verlag, seeon 2011
2. Auflage, März 2011

Umschlaggestaltung: Dirk Gräßle, München
Satz: P S Design, Lindenfels
Druck: Druckerei Sonnenschein, Hersbruck
Printed in Germany
ISBN 978-3-89568-224-7

Inhalt

Einleitung

Wenn man von Heilung spricht, dann ist es wichtig, zuerst klarzustellen, was Heilung überhaupt bedeutet. Heilung ist nur dann möglich, wenn zuvor etwas unheil ist, das geheilt werden soll. Heilung ist immer mit einem positiven Prozess in Verbindung zu bringen, denn etwas Unheiles wird wieder ganz, und wenn etwas ganz ist, dann ist es ein gutes Gefühl. Gefühle stehen mit dem Unheilsein sehr stark in Verbindung, denn unheil sein hat immer mit verborgenen Sehnsüchten zu tun. Sehnsüchten nach einem Zustand, der sich besser anfühlt als der derzeitige. Wenn man von Heilung spricht, ist jeder Einzelne gut damit vertraut, denn jeder hatte schon eine Verletzung, die wieder ausgeheilt ist, und jeder weiß, dass es sich wunderbar anfühlt, wenn wieder alles ganz und heil ist.

Unheil sein ist für die Menschen der Zustand, den sie als krank oder verletzt bezeichnen, denn wenn jemand unheil ist, dann braucht er etwas, das seinen Zustand verbessert. Verbesserung erzielt man in der Regel jedoch nur, indem man etwas gegen das Unheilsein unternimmt. Dieses Etwas-dagegen-unternehmen ist der Schlüssel zur Heilung! Diese Heilung erfährt der Mensch immer sehr viel schneller, wenn er selbst etwas gegen das Unheilsein unternimmt – die Eigeninitiative ist der wichtigste Aspekt bei der Heilung, denn es ist wichtig zu wissen, dass der Unheile im weitesten Sinne selbst für sein Unheilsein verantwortlich ist. Er selbst hat dafür gesorgt, dass das Unheilsein überhaupt erst zur Realität geworden ist. Dies mag für viele im Augenblick schwer verständlich sein, denn niemand glaubt, dass seine Krankheit oder sein Unfall, der ihm eine Verletzung eingebracht hat, aufgrund seiner eigenen Handlungen zustandegekommen ist. Doch genau diesem Irrtum möchten wir auf den

Grund gehen und herausfinden, wie denn Krankheiten und Unfälle überhaupt passieren und warum das genau so sein musste, wie es geschehen ist. Wir werden dieses Phänomen genauer beleuchten, und dadurch finden wir ja sehr oft schon die Möglichkeit, die Heilung einzuleiten.

Das Unheilsein an sich hat ja einen Grund, denn es bezweckt eben genau diese Veränderung bei bzw. durch den Menschen, der davon betroffen ist, und aus diesem Grund müssen wir auch der Tatsache auf den Grund gehen, was die Krankheit oder die Verletzung bezwecken möchte. Darin liegt ebenfalls ein Schlüssel zur Heilung. Wenn wir uns damit beschäftigen, so werden wir erkennen, dass für das Unheilsein sehr oft die Ursache in der Gedankenstruktur des Menschen zu finden ist. Sehr häufig haben die Gedanken all das Unheilsein ausgelöst, denn die Gedanken sind unsagbar mächtig, und wenn immer die Gedankenstruktur es fördert, dann wird eine Krankheit oder ein Ereignis, bei dem eine Verletzung erfolgt, die Folge davon sein.

Bei der Heilung von Krankheiten und Verletzungen müssen wir einen weiteren Aspekt berücksichtigen, der einer der mächtigsten in diesem Zusammenhang ist – wir sprechen vom Aspekt der Seele, denn die Seele an sich ist das mächtigste Element des dreiteiligen Wesens Mensch. Die Seele bestimmt über sehr viele Erscheinungen im menschlichen Körper, denn sie ist diejenige, die den Menschen auf einen oder mehrere Umstände hinweisen möchte, die dringend einer Veränderung bedürfen. Krankheiten und Unfälle erzeugen bei den Menschen üblicherweise eine Veränderung, indem der Mensch proaktiv mit seiner Krankheit umgeht und sie zu heilen versucht. Diese Veränderungen sind es, die die Seele gerne herbeiführen möchte, um dem Menschen klarzumachen, dass er es ist, der eine Veränderung in Angriff nehmen sollte. Tut er dies nicht, so wird er auch seine Krankheit nicht dauerhaft heilen können. Somit werden wir über die Macht der Seele und ihre Bestrebungen sehr detailliert Auskunft geben, und wir werden uns damit beschäftigen, wie sehr die Seele des Menschen von außen beeinflusst werden kann. Es entsteht hiermit ein Werk, das sehr viele Bereiche abdeckt – Bereiche, die in erster Linie auf Faktoren zurückzuführen sind, die mit dem Menschen unmittelbar in Verbindung stehen, denn nahezu alle Ereignisse, die einen Menschen unheil machen, sind aus der Struktur seiner Gedanken und den daraus folgenden Handlungen abzuleiten. Eine Tatsache, die derzeit die wenigsten Menschen berücksichtigen, die aber für die Heilung von allergrößter Bedeutung ist.

Die Erde braucht heile Menschen

Wenn sich die Erde als das etablieren möchte, wozu sie ursprünglich geschaffen wurde, dann bedarf es einer entsprechenden Gesundheit ihrer Bewohner. Gesundheit deswegen, weil die Menschheit einen klaren Auftrag erhalten hat, und um diesen Auftrag auszuführen, bedarf es als Voraussetzung der Gesundheit der Menschheit. Wir sprechen von einer Menschheit, die dazu auserkoren wurde, als Schöpfer im Universum aufzutreten.

Es ist eine wunderbare Entwicklung, die der Menschheit und dem Planeten Erde bevorsteht, denn ihr Auftrag kann nach so vielen Jahren der Getrenntheit der Menschen voneinander erst nach dem Aufstieg der Menschheit in die 5. Dimension in Angriff genommen werden, und dazu bedarf es einiger Veränderungen auf der Erde, die jetzt eingeleitet wurden. Die Welt wird in den nächsten Jahren erleben, wie viele gewohnte Strukturen zerfallen und durch neue ersetzt werden, die auf einer neuen Basis begründet werden – auf der Basis der Einheit der Menschen miteinander sowie mit allem Leben und allen Planeten im Universum. Diese Einheit ist es, die die neuen Möglichkeiten eröffnet, denn wir sprechen von einer Einheit unter einem völlig veränderten Bewusstsein der Menschen. Es weitet sich das Bewusstsein, und der Zugang zu bislang verborgenen Gehirnarealen ermöglicht den Menschen eine völlig neue Selbsterkenntnis. Alle Menschen erkennen ihre Einheit, und alle Menschen erkennen ihre Abstammung – ihre Abstammung von Gott und ihre Einheit mit Gott, und alle erkennen, dass sie nicht nur ein Teil von Gott sind, sondern dass sie alle zusammen der Schöpfer selbst sind. Das momentane Bewusstsein ändert sich zusehends, und mit Abschluss des Aufstiegs in die 5. Dimension hat sich der Wandel in den Köpfen der Menschen vollzogen.

Die Menschheit hat es verstanden, sich über viele Jahrhunderte mit Dingen zu belasten, die eine Vielzahl von Erkrankungen ausgelöst und unzählige Unfälle hervorgerufen haben. Wir sprechen hier nicht nur von den Belastungen aufgrund von verunreinigter Umwelt – wir sprechen hier von Belastungen, die zumeist psychischer Natur sind, denn der Druck, den sich die Menschheit auferlegt hat, indem sie das Geld erfunden hat, ist enorm. Die damit verbundenen Ängste um den Verlust der Existenz, den gesellschaftlichen Status und die Liebe der anderen sind dermaßen gewachsen, dass kaum jemand davor gefeit ist, von einer der damit verbundenen Krankheiten befallen zu werden. Diese Last wird den Menschen sehr bald genommen werden, denn die neue Gesellschaftsform kommt völlig ohne Zahlungsmittel aus – es ist eine Welt, die sich von Grund auf neu strukturiert und die nicht mehr auf dem Überlebenskampf des einzelnen Individuums aufgebaut ist, sondern vom gemeinsamen Füreinander-sorgen, und das ist der Schlüssel zur Gesundung der Menschheit. Doch bis dies soweit gekommen ist, werden noch ein paar Jahre vergehen, und darum bekommt die Menschheit jetzt eine Vorschau auf die Leichtigkeit des Seins in der neuen Gesellschaftsform. Diese Leichtigkeit ist jedoch nicht etwas, das man erst mit geweitetem Bewusstsein in der nächst höheren Bewusstseinsdimension erlangen kann – diese Leichtigkeit des Seins ist auf jeden Fall bereits jetzt für alle möglich. Wie das funktioniert, werden wir in den folgenden Kapiteln genauer beleuchten.

Es wird die Menschheit vor lauter Aufschrei kaum noch zur Ruhe kommen, wenn sie erfährt, dass sie selbst an all den Erkrankungen und den Unfällen Schuld hat – sie selbst ist der Auslöser all dieser Erscheinungen und sie selbst hat es auch wieder in der Hand, dafür zu sorgen, dass diese Erkrankungen der Vergangenheit angehören. Jeder Einzelne hat es selbst in der Hand, dafür zu sorgen, dass er vollkommen gesund ist. Jeder Einzelne kann es auch selbst herbeiführen, denn die Mittel und Wege sind einfach, und alle zusammen werden erkennen, dass die Welt sehr viel leichter zu nehmen ist, wenn erst einmal verstanden wurde, was es überhaupt bedeutet, krank zu sein oder an den Folgen eines Unfalls zu leiden. Das ist der Schlüssel zum Erfolg!

Die Menschheit braucht in Zeiten wie diesen eine Anleitung, damit sie versteht, warum sie erkrankt ist, und sie braucht eine Anleitung, damit sie versteht, wie sie schnell wieder gesund werden kann. Diese Anleitung halten Sie in Händen – es ist eine Anleitung der ganz besonderen Art, die keinen Mediziner benötigt und kein Medikament. Es bedarf lediglich einer völlig neuen Erkenntnis und eines Verstehens des Prinzips von Ursache und Wirkung.

Wenn das verstanden wurde, dann steht der Heilung nichts mehr im Wege. Das Grundprinzip ist sehr einfach, doch hat es der Mensch über die vielen Jahr geschafft, sich voll und ganz auf die moderne Medizin zu verlassen, anstatt der Erkrankung auf den Grund zu gehen und herauszufinden, warum er denn überhaupt erkrankt oder verunfallt ist. Das ist die Kernfrage, und mit der Beantwortung der Kernfrage liegt auch bereits die wirksamste Medizin auf der Hand, die man sich wünschen kann.

Wenn die Menschheit das Prinzip von Ursache und Wirkung verstanden hat, dann ist sie imstande, all jene Erkrankungen, von denen sie derzeit geplagt wird, ein für alle mal aus ihrem Leben zu verbannen. So viele Krankheiten werden heute künstlich hervorgerufen und so viele Krankheiten führen heute zu einem völlig unnötigen vorzeitigen Tod. Viele Menschen könnten einen wunderbaren Lebensabend verbringen, wenn sie sich dieses Bewusstsein des Grundprinzips angeeignet hätten. So erschaffen die Menschen heute künstlich eine Situation, die sie vorzeitig um die schönsten Jahre ihres Lebens bringt – sie verpassen ein Leben in vollkommener Weisheit und vollkommener Schönheit, denn ihr beschränkter Geist lässt sie all das nicht erkennen – sie sehen die Schönheit des Lebens nicht, weil sie nur auf ihre Krankheit fixiert sind, und sie vergessen völlig, dass sie auf diese Welt gekommen sind, um eine Aufgabe zu erfüllen, und genau diese Aufgabe schützt vor allen Erkrankungen, wenn man sie ausführt. Das ist die allerbeste Gesundheitsvorsorge, die man treffen kann – herauszufinden, was seine Aufgabe im Leben ist, und danach zu leben und sie nicht zu ignorieren, wie das heute so viele Menschen tun.

Wenn die Menschen aufhören, alles zu ignorieren, was sie zu dem macht, was sie schon immer gewesen sind, dann beginnt ein neues Zeitalter, in dem die Menschheit völlig gesund und ohne viele Unfälle auf das zugehen kann, was ihre oberste Bestimmung ist. Die Menschheit ist dazu bestimmt, als Schöpfer auf der Erde und im Universum das Schöpfungswerk fortzusetzen – das ist ihre Aufgabe und das ist der Grund, warum die Menschheit heute überhaupt auf der Erde lebt, denn der Planet Erde wird zum Stern, und als Schöpferstern ist er auserkoren, mit seinen Bewohnern die Schöpfung von Leben in den unterschiedlichsten Formen im ganzen Universum zu verbreiten. Wir stehen unmittelbar vor dem Aufstieg in die nächst höhere Dimension des menschlichen Bewusstseins, und dieser Aufstieg wird das große Erwachen des Schöpfers im Universum sein. Dann, wenn die Menschheit ihre Aufgabe verstanden hat, hat sie gleichzeitig all ihre Erkrankungen überwunden. So entsteht eine völlig neue Welt, in der die Menschheit von sich aus dafür sorgt, dass Krankheiten und Unfälle nur noch sehr seltene Erscheinungen sind.

Frage: Welche Bemühungen wurden bisher unternommen, damit die Menschheit ihre wahre Aufgabe versteht?

Antwort: Die Erde wurde durch unzählige Krisen geführt, denn all die Krisen sollten dafür sorgen, dass ihr Menschen eine veränderte Einstellung zu euch und eurem Leben auf der Erde bekommt. Die einzige Sorge, die ihr jedoch über die vielen Jahre immer hattet, war die eures Überlebens. Damit war nicht immer nur euer physisches Überleben gemeint – damit war hauptsächlich euer wirtschaftliches Überleben gemeint. All diese vielen Krisen und sonstigen Ereignisse, die euch in eurem Denken erschüttert haben, waren noch nicht stark genug, um euch dazu zu bringen, dass ihr euch auf eure ursprüngliche Aufgabe konzentriert.

Frage: In den beiden vorangehenden Büchern betont Erzengel Gabriel, dass wir Menschen uns keine Vorwürfe zu machen brauchen, dass wir so gehandelt haben, denn all dies diente nur dem Zweck, dass wir die Getrenntheit so intensiv wie möglich erfuhren, damit wir entsprechend viele Erkenntnisse daraus ziehen konnten, um jetzt für unsere große Aufgabe als Schöpfer gerüstet zu sein. Eure Bemühungen, uns zu verstehen zu geben, was unsere eigentliche Aufgabe ist, mussten demnach ja scheitern, und wir waren bzw. sind ja auch noch in der Trägheit der 3. Dimension verhaftet?

Antwort: Das ist schon richtig, all die Erscheinungen dienten diesem Zweck, doch sie dienten auch noch einem weiteren – nämlich euch vor Augen zu führen, dass euch die Gesellschaftsform, die ihr aktuell gewählt habt, nicht zu dem Ergebnis führt, das ihr euch wünscht. Ihr habt nun alle ein Bewusstsein entwickelt, dass eure Gesellschaft so nicht weitermachen kann und dass es einer grundlegenden Änderung bedarf. Euch fehlte nur noch der Wegweiser, wohin die Entwicklung gehen soll, und diesen Wegweiser hat Erzengel Gabriel euch durchgegeben.

Die Menschheit braucht Heilung

Wenn wir die heutige Situation der Menschheit betrachten, dann stellen wir fest, dass Krankheit an allen Ecken und Enden der Gesellschaft vorherrscht. Es gibt so viele Krankheiten, dass es einem Menschen schon gar nicht mehr möglich ist, sie alle zu zählen und mit Namen zu nennen. Es ist eine Vielzahl von Erscheinungen, die ein menschlicher Körper hervorbringen kann, dass einem Mediziner gar übel werden kann, wenn er zu Beginn seines Studiums danach trachtet, zu erkennen, was alles auf ihn zukommt. Es ist die Vielfalt dermaßen groß, dass es kaum möglich sein wird, alle Krankheiten jemals mit einer Therapie zu bekämpfen, denn ihre Vielfalt lässt eine Diagnose immer schwerer zu. Die Ärzte vollbringen wahre Wunder, wenn man bedenkt, was sie alles erst einmal erlernen müssen, damit sie überhaupt in der Lage sind, die Krankheiten zu erkennen und sie richtig zu diagnostizieren. Je mehr Menschen es auf der Erde gibt, desto mehr Krankheiten gibt es auch. So erscheint es auf den ersten Blick.

Sieht man jedoch etwas genauer hin, dann erkennt man in der Gesellschaft nicht nur die vielen Krankheiten, sondern man erkennt die wenigen Ursachen für die Vielzahl an Krankheiten. Es sind im Verhältnis zu ihren Erscheinungsformen nur sehr wenige wahre Auslöser für diese Krankheiten. Je näher man diese betrachtet, desto mehr erkennt man, dass es in Wahrheit nur eine einzige Ursache für all diese Erscheinungen gibt. Alle Erkrankungen lassen sich auf einen einzigen Umstand zurückführen, und dieser Umstand hat mit dem Menschen unmittelbar zu tun. Jeder einzelne Mensch ist für seine eigene Gesundheit unmittelbar verantwortlich, denn er selbst ist der Schöpfer seiner Erkrankung oder seines Unfalls. So einfach kann die Lösung für alle Krankheiten gefunden werden. Es klingt einfach – und es ist auch einfach, doch um das zu verstehen, müssen wir noch ein paar andere Aspekte betrachten.

Die Umstände einer Erkrankung sind üblicherweise vielfältig, doch beim genaueren Hinsehen stellt man fest, dass alle Erkrankungen aus der Seele des Menschen abgeleitet werden können. Dort haben sie alle ihren Ursprung! Der Ursprung ist in der Seele zu finden, denn diese hat als der bestimmende Teil des Menschen alle Macht über die Gesundheit des Körpers. Wenn der Mensch entgegen seinem Lebensplan handelt, dann hat er damit die Rebellion der Seele hervorgerufen, und diese Rebellion drückt sie in Form von Krankheiten oder Unfällen aus. Alle solchen Ereignisse und Erscheinungen dienen ausschließlich dem Verändern des Verhaltens des Menschen. Wenn der Mensch entgegen seiner Bestimmung handelt, dann wird er zuerst sanft und dann immer heftiger darauf hingewiesen, und wenn der Zustand über einen sehr langen Zeitraum anhält, kann es vorkommen, dass die Seele sich entschließt, diesen Körper aufzugeben, weil die Erfahrungen, die sie für diese Inkarnation beschlossen hatte, nicht gemacht werden können. Unweigerlich führt dann diese Erkrankung oder dieser Unfall zum Tod des Menschen. Das ist jedoch die allerletzte Option, die die Seele wählt, zuvor versucht sie auf die unterschiedlichste Art, den Menschen dazu zu bewegen, seine Art zu denken und seine Einstellung zu sich und seinem Leben zu verändern. Gelingt ihr dies, so wird der Mensch auch rasch wieder gesund.

Wenn der Mensch aufgrund seiner Erkrankung erkennt, dass er etwas verändern muss, dann wird er dies üblicherweise auch sehr rasch tun und somit der Erkrankung entgegenwirken. Tut er dies nicht – und die Gründe dafür könnten sehr oft in Form von Ängsten vorliegen, dann beginnt eine oft lange Krankheitsgeschichte mit ungewissem Ausgang. Dies ist die wichtigste Erkenntnis, wenn man Krankheiten betrachtet. Die Medizin hat wahre Wunder vollbracht bei der Heilung der Körper der Menschen, doch kann sie auf keinen Fall dafür sorgen, dass die Seele geheilt wird, und das ist der wichtigste

Aspekt überhaupt. Das Heil der Seele kann sofort zu einer Gesundung führen. Sowie die Seele heil ist, kann auch der Körper sofort heil werden. Dies funktioniert schlagartig, sobald die Botschaft der Seele verstanden und Gegenmaßnahmen eingeleitet wurden. Sobald die Korrektur durch den Menschen eingeleitet wurde, beginnt parallel dazu bereits die Heilung – und dies in einer Geschwindigkeit, die Mediziner häufig verblüfft.

Die Welt hat in den letzten Jahrhunderten sehr viele verschiedene Seuchen durchleben müssen – Krankheiten, die ganze Völker ausgerottet und für einen enormen Schwund an der Weltbevölkerung gesorgt haben. Diese Krankheiten sind nicht auf der Einstellung eines Einzelnen begründet, sondern auf der kollektiven Gedankenstruktur ganzer Völker und sorgten dafür, dass diese Völker umzudenken begonnen haben. Dieses Umdenken hat auch die Seuche eingedämmt und sie letztlich besiegt, auch wenn bereits viele Opfer zu beklagen waren. Das kollektive Gedankenmuster ganzer Völker bzw. der gesamten Menschheit ist so mächtig, dass damit alles erschaffen werden kann, was der Mensch haben will oder auch was ihn vernichtet. Dieses Kollektiv ist das mächtigste Element auf der Erde – es kann alles hervorbringen und es kann alles heilen. Darum ist es so wichtig, dass die Menschen ihr kollektives Gedankennetzwerk säubern – reinigen, um die negativen Gedanken über sich selbst und die anderen loszuwerden, damit die schöpferische Urkraft dieses Gedankennetzwerks positiv in Erscheinung treten kann. Dieses Gedankennetzwerk ist die Basis aller schöpferischen Tätigkeit des Menschen in der Zukunft, denn darin wird sich das gesamte schöpferische Wollen der Menschen verwirklichen.

Alles auf der Welt wurde von euch Menschen erschaffen – ihr habt dafür gesorgt, dass ihr eine Entwicklung durchmachen konntet, die euch viele technische Errungenschaften beschert und euer Leben deutlich vereinfacht hat. Doch ihr habt euch dabei benommen wie die Wilden, die über ein Stück Vieh herfallen und es zerstückeln und verzehren – mit dem Stück Vieh ist hier bildhaft die

Erde gemeint, und ihr habt mit der Erde viel getrieben, was ihr großen Schaden zugefügt hat. Dieser Schaden ist enorm, und den bedarf es jetzt wieder zu heilen, damit die Gesundung der Erde erfolgen kann. Damit ihr dies verstehen könnt, müsst ihr einen großen Schritt zurückgehen und euch eure Entwicklung auf der Erde ansehen. Ihr seid vom Urmenschen angefangen immer ein Teil der Evolution gewesen und wart eingebunden in den Kreislauf des Lebens – ihr wart Jäger und Sammler und wurdet ebenso oft von Raubtieren gerissen wie alle anderen Tiere auch, doch einst kam der Tag, an dem ihr aus diesem Kreislauf ausgestiegen seid und begonnen habt, die Natur zu kontrollieren. Das war eine durchaus gewollte Entwicklung, doch habt ihr dabei vergessen, dass ihr die Wächter der Natur seid, denn ihr habt den Auftrag, diese Natur zu entwickeln, und dafür solltet ihr eure schöpferische Macht einsetzen, um die Entwicklung voranzutreiben. Stattdessen habt ihr ein fiktives Ding namens Geld erfunden, womit ihr alles gemessen habt – alles hat seinen Wert bekommen, und alles hat dadurch eine Bewertung erfahren, die im Laufe der Zeit so wichtig geworden ist, dass sie alle anderen Werte völlig in den Hintergrund gedrängt hat. Ihr habt das Geld an die oberste Stelle gestellt – teilweise sogar über euch selbst – und dadurch habt ihr es ermöglicht, dass die Welt so viel Leid erfährt, dass Millionen vom Hungertod bedroht sind und dass auf der Erde permanent Krieg geführt wird. Das alles habt ihr damit erschaffen, und jetzt habt ihr die Gelegenheit, all dies rückgängig zu machen.

Dieses Bewusstsein, dass eure Gedanken so dermaßen mächtig sind, muss euch vor Augen geführt werden, denn ihr erschafft mit euren Gedanken eure Realität. Jeder von euch ist ein schöpferisches Wesen, das aufgrund seiner Gedanken die Realität so sehr beeinflussen kann, dass wahre Wunder möglich sind. Ihr habt diese Fähigkeit vom ersten Tag eurer Geburt an mit auf euren Lebensweg bekommen und ihr seid in der Lage, dieses Kraftwerk der Schöpfung gezielt einzusetzen, oder ihr könnt euch von euren Emotionen leiten lassen, dann wird dieses Kraftwerk eben sehr emotionale Ergebnisse produzieren. Macht euch das bewusst, denn die Welt besteht letztlich nur aus euren Gedanken, und alles, was euer Körper erfahren darf, ist letztlich immer aus dem Umstand entstanden, dass ihr euch das selbst so hergestellt habt. Dieser Umstand ist der wichtigste im ganzen Leben eines Menschen! Ihr solltet alle erfahren, dass ihr zu allem fähig seid, wenn ihr es bloß in euren Köpfen für möglich haltet und wenn ihr es gedanklich fördert und unterstützt, damit es in eure Realität eintreten kann.

Was das alles mit der Heilung eurer Krankheiten zu tun hat, ist leicht erklärt, denn was immer ihr euch erdenkt, wird auch in eure Realität einkehren. Wenn eure Gedanken rein und gesund sind, dann wird es auch euer Körper sein. Wenn eure Gedanken emotional negativ beladen und entgegen eurer Bestimmung gerichtet sind, dann wird euch das Ergebnis nicht gefallen. Macht euch diesen Umstand bewusst und ihr werdet ein glückliches und gesundes Leben führen können.

Wenn die Welt diese klare Aussage beherzigt, dann ist der Schöpfer wiedergeboren, dann wird alles auf der Erde und im Universum zu neuem Leben erwachen, dann werdet ihr Menschen euren Auftrag erfüllen und der Welt zeigen, was ihr alles vollbringen könnt. Die Voraussetzungen sind bereits in euren Köpfen vorhanden – schafft jetzt noch eine Verbindung zwischen eurem Kopf und eurem Herzen, dann seid ihr auf dem richtigen Weg zum wahren Schöpfer auf Erden.

Die Erde hat es verdient, nach so langer Zeit der Herrschaft von selbstsüchtigen und machthungrigen Patriarchen wieder zurückzufinden zu ihrem Ursprung. Ihr Ursprung liegt darin, dass sie der Heimatplanet eines Lebewesens sein soll, das auf diesen Planeten entsandt wurde, um auf seiner Oberfläche eine Entwicklung durchlaufen zu können, die ihm die Möglichkeit gibt, Erfahrungen in vielfältigster Form machen zu können, um wieder zu dem zu werden, was es vor seinem Erscheinen auf der Erde schon immer gewesen ist. Wir sprechen vom Menschen, der auf die Erde entsandt wurde, um sich vom Urmenschen zum hochentwickelten und bewussten

Schöpfer zu entwickeln. Dieser Entwicklungsweg ist bereits sehr weit fortgeschritten und er wird niemals aufhören, denn ihr seid der Schöpfer selbst und ihr wolltet euch auf der Erde selbst erfahren – eure Schöpfung selbst am eigenen Leib erfahren und spüren, was es bedeutet, zu leben und ein lebender Schöpfer zu sein – das war das Ziel, und dieser Weg ist über viele Jahre genau so verlaufen, wie er geplant war, und ebenso geplant ist der jetzt stattfindende Aufstieg in die nächste Stufe der Entwicklung, die aus euch Menschen das macht, was ihr schon immer gewesen seid – ein bewusster Schöpfer, der seine Realität und das Leben auf der Erde und im ganzen Universum beeinflusst und neues Leben in vielfältigsten Formen hervorbringt. Das ist euer Auftrag und dafür seid ihr hierhergekommen. Die Erfahrungen der vielen Inkarnationen sollen euch dabei behilflich sein, damit ihr das erschaffen könnt, was im Einklang mit der göttlichen Vorgabe ist. Verwirklicht die uneingeschränkte und bedingungslose Liebe zu allen Geschöpfen und allen Lebewesen im ganzen Universum.

Ihr Menschen seid der Schöpfer, doch diese Tatsache ist euch derzeit nicht bewusst – ihr müsst dieses Bewusstsein annehmen und euch entsprechend verhalten, damit ihr alle zusammen das erschaffen könnt, was ihr schon immer in euren Herzen verwirklichen wolltet. Ihr habt diesen Auftrag erhalten, und ihr werdet ihn auch ausführen und daran sehr viel Freude empfinden, denn wenn es erst einmal begonnen ist, dann gibt es kein Halten mehr und ihr werdet euch voller Elan daranmachen, diese Fähigkeiten voll auszuschöpfen und all das zu erschaffen, was eurem höchsten Ideal entspricht, und ihr werdet der Erde neues Leben einhauchen, damit sie sich voll entfalten kann. Die weiteren Schritte führen euch dann hinaus ins Universum und dort werdet ihr Abbilder eurer Erde erschaffen, die ihresgleichen suchen, was Schönheit und Vielfalt anbelangt. Eine Entwicklung des Menschen vom bislang einzelnen Individuum, das permanent um sein eigenes Überleben kämpft, hin zum schöpferischen Kollektiv, das das ganze Universum beeinflusst! Ihr habt die Macht dazu, ihr müsst nur noch eure Einstellung zu euch und euren Mitmenschen ändern, dann könnt ihr sofort damit beginnen, die Welt zu verändern.

Frage: Es gibt so viele kleine Erkrankungen, wie z.B. einen Hautausschlag oder einen Husten/Schnupfen u.s.w. – ist wirklich absolut jede Krankheit auf das Verhalten des einzelnen Menschen zurückzuführen und durch die Seele des Menschen hervorgerufen, um eine Änderung herbeizuführen?

Antwort: Jede Krankheit, absolut jede Krankheit hat ihren Ursprung bei dem betroffenen Menschen. Der Vorgang an sich ist sehr komplex, denn es sind so viele Faktoren, die der Mensch beeinflusst und die letztlich dafür sorgen, dass er erkrankt. Die kleinen Krankheiten, die zumeist innerhalb weniger Tage wieder ausgeheilt sind, haben oftmals aber auch einen bestimmten Zweck, der nichts mit der Seele zu tun hat. Sie entstehen häufig zum Schutz des Körpers, denn so kleine Infekte dienen dem Training der Abwehrkräfte des Körpers. Dieses Training ist manchmal überlebensnotwendig, damit der Körper auch für die größeren Krankheiten gewappnet ist und dann nicht gleich aufgibt. Dieses Training des Immunsystems ist sehr wichtig, und das wird auch immer notwendig sein. Diese Krankheiten werden absichtlich hervorgerufen, um das Immunsystem zu trainieren, damit es für spätere Belastungen gerüstet ist.

Frage: Die moderne Medizin hat gegen so ziemlich jede Krankheit ein Medikament entwickelt – bewirkt letztlich das Medikament die Heilung oder ist das Zutun der Seele notwendig, um die Krankheit wirklich auszuheilen?

Antwort: Die Welt hat so viele Krankheiten hervorgebracht, dass die Medizin kaum nachkommt, sie mit Heilmitteln wieder zu vertreiben. Die Medizin hat wie gesagt sehr viele wunderbare Hilfsmittel entwickelt, die die Symptome der Krankheit lindern oder ganz vertreiben, doch die eigentliche Ursache bekämpft kein einziges dieser

Medikamente – die Ursache an sich ist immer in der Seele des Menschen zu finden, und wenn die Seele nicht geheilt wird, dann wird auch der Körper auf Dauer nicht gesund bleiben. Wenn die Welt so weitermachen würde wie derzeit, dann würde irgendwann der Punkt erreicht werden, an dem wieder große Seuchen über die Menschheit hereinbrechen und sie zahlenmäßig drastisch reduziert.

Frage: Die großen Seuchen, wie z.B. die Pest, wurden demnach nicht von einzelnen Menschen hervorgerufen, sondern vom Kollektiv. Was ist der Grund, dass so viele daran gestorben sind und doch einige nicht?

Antwort: Es ist richtig, dass die Menschheit durch ihre kollektive Gedankenstruktur die Seuchen hervorgerufen hat, und es ist ebenso richtig, dass die Menschen sie auch wieder durch ihre Gedanken vertreiben können. Genau das haben die Überlebenden gemacht – sie haben sich von der Krankheit distanziert und nicht zugelassen, dass sie ebenfalls befallen werden, und darum ist dies auch nicht geschehen.

Frage: Soll das heißen, dass ich mich gedanklich vor einer Krankheit schützen kann?

Antwort: So ist es, du hast die Möglichkeit, dich gegen eine Krankheit zu wehren, du brauchst sie lediglich als nicht existent zu erachten, und dann hat sie auch keine Möglichkeit, auf dich überzugreifen.

Frage: Welche Einstellung zu uns selbst und unseren Mitmenschen ist die richtige?

Antwort: Wenn die Welt akzeptiert, dass die Menschen Teile von Gott sind und dass jeder Einzelne dazu bestimmt ist, mit allen gemeinsam an der Schöpfung weiterzuarbeiten, dann habt ihr schon die wichtigste Lektion gelernt. Achtet jeden Einzelnen als das, was er ist, und verhaltet euch genau so, wie ihr euch wünscht, dass sich die anderen euch gegenüber verhalten, dann habt ihr den richtigen Weg eingeschlagen, der euch zu dem großen Ziel führt.

Die Welt

Es scheint heute aus eurer Sicht ein großes, schier unmögliches Unterfangen, die Welt noch vor dem großen Untergang zu retten. Ihr alle glaubt, dass irgendwann der Punkt erreicht sein wird, wo die Natur nicht mehr in der Lage ist, die Lebensbedingungen, die ihr zum Überleben braucht, aufrechtzuerhalten. Das mag aus eurer Sicht durchaus verständlich erscheinen, und unter normalen Umständen, nämlich dass nicht in Kürze der große Wandel des Bewusstseins der Menschen stattfinden wird, hättet ihr sogar recht mit der Annahme, dass ihr das nächste Jahrhundert wahrscheinlich nicht mehr erleben werdet, denn die große kollektive Gedankenstruktur, in der ihr lebt, hat als Ausgangspunkt immer die Vergangenheit und die Zukunft zugleich. Ihr lebt mit euren Gedanken in der Vergangenheit und in der Zukunft und so gestaltet ihr zwei Welten – die eine ist vergangen, an die könnt ihr euch gut erinnern, und da habt ihr eure Gedanken, was ihr alles hättet anders machen können, damit es eine bessere Gegenwart gegeben hätte. Andererseits gibt es eine Gedankenstruktur, die eure Zukunft beleuchtet, und in dieser Struktur ist die Wunschvorstellung davon, wie eure zukünftige Realität aussehen sollte, enthalten. Wenn ihr euch damit beschäftigt, wie diese Zukunft aussehen soll, dann macht ihr eine große Projektion eurer Vorstellung in die Zukunft und beeinflusst diese durch eure Ängste und Sehnsüchte – ganz einfach gesagt, durch eure Emotionen. Diese Emotionen sind sehr mächtig und sie neigen sehr stark dazu, in die Realität zu gelangen. Somit müsst ihr sehr vorsichtig sein, wenn ihr starke Emotionen in die Zukunft projiziert, sofern diese nicht sehr positiv sind. Wann immer ihr starke Ängste in die Zukunft projiziert, neigt das System dazu, diese zuallererst in die

Realität zu bringen und erst danach alle anderen Details. Die Welt hat so schon unzählige Katastrophen hervorgebracht, denn alle Welt hat Angst vor Ereignissen, die künftig eintreten könnten. Genau diese Angst ist es, die so viele Katastrophen, Unfälle und vieles mehr verursacht hat, das euch nicht gefallen hat. Die Ängste sind die mächtigen Spielverderber, die euch immer wieder einen Strich durch eure Rechnung machen.

Wenn ihr aufhört, euch vor der Zukunft zu fürchten, und euch stattdessen auf sie freut, dann wird diese Zukunft euch all die Freude bringen – und das sehr schnell! Wenn ihr weitermacht wie bisher, dann wird der Schlamassel, in dem ihr euch befindet, niemals ein Ende nehmen, doch wenn ihr beginnt, freudig und zuversichtlich in die Zukunft zu blicken, und keiner mehr eine Scheu an den Tag legt, die Dinge beim Namen zu nennen, damit sie zum Besseren verändert werden können, dann werdet ihr auch genau diese Verbesserung erreichen. Ihr habt es selbst in der Hand, die Dinge anzuschauen und zu akzeptieren, dass sie aktuell da sind, und dann könnt ihr euch eine freudige Zukunft ausmalen, die dann sogleich beginnt, Realität zu werden. Je nach Größe des Unterfangens wird die Zeit dafür länger oder kürzer dauern – sicher ist, dass seine Realisation kommt und dass eure Realität sich verändert, wenn ihr es bewusst und aktiv im Positiven herbeiruft. Ihr habt es in der Hand, eure Zukunft zu gestalten, und sie wird auch entsprechend eintreten. Wichtig ist dabei jedoch, dass ihr aufhört, euch vor der Zukunft zu fürchten, und dass ihr aufhört, an dem festzuhalten, was derzeit ist.

Jeder Mensch ist im selben System verhaftet, und niemand kann aus diesem System ausbrechen – ihr alle könnt das System aber für euch nutzen lernen und beginnen, eure Zukunft aktiv zu gestalten. Nutzt das System, denn es ist euer eigenes – ihr selbst habt es geschaffen, damit ihr einen wahren Leitfaden habt und genau wisst, wie ihr euch künftig auf die große Aufgabe vorbereiten könnt. Schafft zuerst eure eigene Realität, bevor ihr mit der großen schöpferischen Aufgabe beginnen könnt. Zuerst ist euer eigenes Umfeld dran und dann erst die große Aufgabe. Gestaltet euer Umfeld so, wie ihr es als angenehm empfindet, und ihr habt sehr bald genau die Ausgangsposition für die weiteren kleinen Schritte hin zu einem großen Schöpfer.

Ihr habt bereits gesehen, wozu euer kollektives Gedankennetzwerk imstande ist – ihr habt gesehen, was alles daraus entsteht, wenn ihr euch einig seid. Ihr habt gesehen, was alles geschieht, wenn ihr euch nicht einig seid. Wann immer ihr Uneinigkeit an den Tag legt, dann ist das Ergebnis genau so chaotisch wie die Vielzahl der einzelnen Vorstellungen über euer zukünftiges gemeinsames Umfeld. Ihr habt es geschafft, Zustände zu erschaffen, die euch in eine Sackgasse geführt haben, aus der ihr jetzt alleine nicht mehr herauskommt. Ihr befindet euch in einer Enge, die euch zeigt, dass die damalige Entscheidung, die ihr alle zusammen gefällt habt, nämlich das Geld auf der Erde einzuführen, absolut unpassend war, denn es hat sich herausgestellt, dass ihr nicht genug Geld habt, um all die großen Aufgaben, vor denen ihr als gesamte Menschheit steht, bewältigen zu können. Es fehlt euch das Geld, um die Umwelt zu schützen, um weitere Folgen für das Klima zu verhindern, um den Hunger aus der Welt zu schaffen und allen Menschen die medizinische Versorgung zu gewährleisten, die allen zusteht. Dies und noch viel mehr hat euch gezeigt, dass es unangebracht ist, in Dimensionen von Geld zu denken, denn es führt letztlich alles in die gleiche Sackgasse, aus der ihr nicht mehr herauskommt. Ihr habt so einen großen Berg Probleme vor euch angehäuft, dass ihr ihn nicht mehr überblicken könnt. Das ist der Grund, warum ihr euch jetzt anders entscheiden und das Geld wieder abschaffen müsst, um die großen Aufgaben eurer Gesellschaft bewältigen zu können.

Jetzt ist es an der Zeit, die ganzen Zustände, die ihr alle zusammen geschaffen habt, zu hinterfragen und zu sehen, wo ihr Korrekturen vornehmen müsst, damit das Höchste, das ihr im Stande seid, zum Ausdruck zu bringen, darin tatsächlich seinen Ausdruck findet. Ich meine damit die göttliche Liebe zu allen Geschöpfen im Universum – wann immer ihr dies nicht zum Ausdruck bringen könnt, wird das Gesetz von Ursache und Wirkung in der Form auf euch zurückstrahlen und Konsequenzen zeitigen, die im selben Maße von dem abweichen, was unter der höchsten Göttlichkeit zu verstehen ist.

Das Prinzip von Ursache und Wirkung ist das mächtigste Prinzip im ganzen Universum, denn es funktioniert dermaßen präzise wie ein Uhrwerk, und es wird genau in dem Ausmaß alle eure Intentionen reflektieren, wie ihr sie ausgesendet habt. Sendet die höchste Liebe aus und ihr werdet die Liebe im höchsten Maße empfangen – sendet ihr hingegen Missgunst und andere negative Emotionen aus, so werden genau diese zu euch zurückkommen. Werdet euch eurer Gedanken bewusst und ihr werdet nicht nur euch selbst heilen, sondern ihr werdet die ganze Welt damit heilen. Entsendet so viel Liebe in euer kollektives Gedankennetzwerk, wie euch nur möglich ist, und ihr werdet Erstaunliches bewirken können. Sendet all eure Liebe hinein, und ihr werdet so umwerfend viel Liebe daraus zurückbekommen, dass ihr gar nicht wieder auf die Idee kommt, andere Emotionen zu entsenden. Macht euch das alles bewusst und ihr verändert die Welt!

Frage: Wir Menschen fürchten uns vor so ziemlich allem – ganz besonders vor Veränderungen, auch wenn uns der aktuelle Zustand nicht gefällt. Das Gewohnte können wir wenigstens einschätzen und wissen, was uns erwartet – das Neue hingegen erzeugt bei den meisten Menschen Angst, denn wir wissen ja nicht, was genau uns erwartet. Dieses Verhalten haben wir über unzählige Jahre trainiert, wie können wir damit aufhören? Was können wir tun, damit wir unsere Ängste überwinden und uns auf die Veränderungen freuen, anstatt uns zu fürchten?

Antwort: Ganz einfach, ihr braucht lediglich eure Gedanken in eine positive Richtung zu lenken und ihr dürft nicht mehr damit aufhören – bleibt positiv und ihr werdet keine Probleme damit haben, euch auf das Neue zu freuen. Das Wichtigste dabei ist, dafür zu sorgen, dass ihr genug Vertrauen habt – Vertrauen in euch selbst und Vertrauen in das Leben, denn das Leben folgt dem Gesetz und kann gar nicht anders, als eure Gedanken zu realisieren. Wenn ihr euch auf etwas freut, dann könnt ihr gar nicht scheitern.

Frage: Viele Menschen haben aber gegenteilige Erfahrungen gemacht, und gerade dann, wenn sie sich auf etwas ganz besonders gefreut haben, wurden sie enttäuscht. Was ist schiefgelaufen?

Antwort: In solchen Situationen ist das Vertrauen ausgeblieben – das Vertrauen darauf, dass das Leben alles in die richtige Richtung lenken wird, und diese Menschen haben auch die Rechnung ohne den Wirt gemacht, denn sie haben vergessen, dass andere Menschen auch einen freien Willen haben und so die grundsätzlich positiv gemeinte Intention einen anderen Weg finden wird, um in die Realität zu kommen. Da gehören manchmal kurzfristige Rückschläge dazu, und langfristig kommen dann die viel schöneren Erfolge, die das Prinzip eindrucksvoll bestätigen, vorausgesetzt, der Mensch verliert nicht aufgrund des kleinen Rückschlags seine positive Grundeinstellung.

Frage: Wie schaffen es die zahlenmäßig deutlich unterlegenen positiv denkenden Menschen, die Gedankenstruktur aller ins Positive zu wenden, damit wir diese Einheit herstellen und unsere Zukunft neu gestalten können?

Antwort: Ihr könnt natürlich nicht mit allen Menschen reden, denn dazu seid ihr zu viele auf der Erde – damit ihr euch untereinander besser verständigen könnt, werdet ihr neue Möglichkeiten finden. Damit das möglich wird, müsst ihr alle zusammen beginnen, an die gute neue Zukunft zu glauben – anders geht es nicht! Wir helfen euch dabei, dass die Menschen ihre Gedankenstruktur umkehren und aufhören, sich zu fürchten. Dies geschieht bereits jetzt auf der Erde, indem wir euch helfen, die Schwingung, die laufend erhöht wird, für euch zu nutzen – ihr seid ja dazu angetreten, diesen Wandel eures Bewusstseins zu durchlaufen, und jetzt steht ihr alle kurz davor, diese neue Gedankenstruktur anzunehmen. Das ist ein Prozess, den ihr alle fördern könnt – dann geht es entsprechend viel schneller. All jene, die dies nicht fördern, werden eben erst später dazustoßen, doch werden sie bald erkennen, dass so viele Menschen ihre Einstellung zu sich und zu ihrem Leben völlig geändert haben und dass die veränderte Lebenseinstellung automatisch dazu führt, dass die Menschen ein viel größeres Vertrauen ins Leben an den Tag legen. Das Urvertrauen, das die Menschheit von Grund auf mitbekommen hat. Ihr habt nur künstlich dafür gesorgt, dass dieses Urvertrauen untergraben wurde, und jetzt müsst ihr wieder lernen, es aufzubauen. Wenn ihr in die nächsthöhere Dimension des Bewusstseins aufgestiegen seid, dann werdet ihr über neue Möglichkeiten der Kommunikation untereinander verfügen. Welche dies sind, werdet ihr sehr bald erfahren, doch dazu ist jetzt der falsche Zeitpunkt und auch der falsche Ort.

Frage: Du holst thematisch ziemlich aus – wir befinden uns derzeit hauptsächlich beim Thema des Aufstiegs in die 5. Dimension – wie kommt das, dass wir dieses Thema in einem Buch, wo es sich um die Heilung der Menschen dreht, so intensiv behandeln?

Antwort: Wenn die Erde jetzt bald auf dieses Ereignis zusteuert, ändern sich viele andere Komponenten ebenfalls – es ändern sich nicht nur die Einstellungen der Menschen zu sich selbst und zu ihrer Abstammung, es ändert sich auch die Einstellung der Menschen zu ihren Krankheiten. Das Loslassen ist eine der wichtigen Lektionen, die die Menschen lernen, und dies geschieht im Zuge des Aufstiegs. Ihr könnt dann viel leichter loslassen als derzeit, doch ich erzähle euch all dies, damit ihr die Zusammenhänge versteht und die Umstände, die dann herrschen werden, bereits jetzt vorwegnehmen könnt. Das ist der Grund, warum wir thematisch so weit ausholen – es dient lediglich dazu, damit ihr Zustände, die ihr erst in einigen

Monaten bzw. wenigen Jahren haben werdet, bereits jetzt vorwegnehmen könnt, denn ihr unterstützt damit nicht nur euren Heilungsprozess, ihr unterstützt damit den ganzen Prozess des Aufstiegs in die nächst höhere Bewusstseinsebene. Letztlich sind all die Bücher, die du schreibst, dazu da, die Menschen zu informieren, ihnen Werkzeuge an die Hand zu geben, ihnen die Ängste zu nehmen und den Aufstieg freudig zu erwarten. Das ist letztlich der Hauptgrund, warum du dir so viel Mühe machst, um mit uns Erzengeln diese Bücher zu schreiben.

Heilungsprozesse

Heilungsprozesse sind etwas sehr Komplexes, denn sie beinhalten eine Vielzahl von Komponenten, die während dieses Prozesses berücksichtigt werden müssen. Wenn Menschen von einer Krankheit befallen sind, dann trachten sie üblicherweise danach, sich ein Medikament zu besorgen, das den Heilungsprozess einleitet bzw. unterstützt. Medikamente sind in diesem Zusammenhang eine wichtige Komponente, die dafür sorgen, dass der kranke Körper all jene Stoffe erhält, die er braucht, um die Krankheit zu bekämpfen.

Die Heilung an sich ist damit jedoch noch nicht erreicht, denn es geht dabei in erster Linie darum, die ursprüngliche Ursache für die Krankheit aus dem Weg zu räumen. Diese Ursache herauszufinden, ist die wichtigste Aufgabe überhaupt, denn sie wird gezielt das Übel an der Wurzel packen. Natürlich können Medikamente auch dazu dienen, Symptome zu lindern oder ganz auszuschalten, doch diese helfen keineswegs, die Krankheit tatsächlich zu heilen, denn Heilung bedeutet, die Ursache zu bekämpfen und sie aus dem Weg zu räumen. Sobald die Ursache beseitigt ist, ist der Körper beinahe schon wieder gesund, denn alle Kraft, die dem Organismus zur Verfügung steht, wird mobilisiert, um die Heilung so schnell wie möglich zu erreichen. Ein Phänomen, das ihr bereits an unzähligen Beispielen beobachten konntet. Menschen wurden oft in Windeseile geheilt, und niemand konnte erklären, wie dies so schnell möglich war. Nachdem es ein erfreulicher Umstand ist, hat sich damit auch kaum jemand näher beschäftigt.

Der Weg zur Heilung ist vom Grundsatz her immer der gleiche, doch bestehen gewisse Variationsmöglichkeiten, die ihr zur Verfügung habt. Die Variationen beziehen sich immer nur auf die eine grundlegende Frage: Warum ist der Mensch erkrankt? Wenn ihr diese Frage beantwortet habt, dann ist der Weg zur Heilung bereits eingeschlagen, denn der Mensch kennt nun die Ursache und hat die Möglichkeit, den Umstand zu beseitigen, der dazu geführt hat, dass die Seele sich nicht mehr zu helfen gewusst hat. Dann gibt es die Möglichkeit, die Seele anzusprechen, um die Heilung mit ihr zu vereinbaren und gewisse Voraussetzungen zu besprechen und der Seele klarzumachen, dass die Ursache beseitigt wird oder bereits der Weg dorthin eingeschlagen wurde. Das ist der einfachste Weg, um dem Verursacher zu bestätigen, dass die Krankheit nicht mehr benötigt wird. Oder es kann z.B. die Ursache selbst gar nicht ausgeforscht werden, sondern lediglich die Botschaft, die der Patient verstehen sollte, angekommen sein, und schon herrscht freie Bahn für Heilung. Die Botschaft der Seele zu verstehen, ist oftmals genug, um die Heilung einzuleiten. Da geht es häufig gar nicht um einen direkten Auslöser für die Krankheit, da wollte die Seele lediglich eine Erkenntnis übermitteln, und sobald die angekommen ist, kann der Heilungsprozess voll einsetzen.

Das Wetter beginnt sich umzustellen, wenn der Mensch beginnt, sich umzustellen. Dann hat er die Möglichkeit, die Kapriolen eures Klimas zu verändern. Ebenso kann der Mensch sich selbst und seine Einstellung ändern, damit er die Umstände seiner Erkrankung verändern kann. Auf diese Art gibt es Heilung, und ihr könnt euer Klima heilen, indem ihr euch umstellt und eure Einstellung zum Klima ändert. Ihr wollt alle, dass das Klima sich beruhigt und die schweren Stürme aufhören und die Erderwärmung stoppt und dadurch die Meeresspiegel nicht weiter steigen – das alles möchtet ihr, doch um das zu erreichen, müsst ihr eure Einstellung zum Wetter ändern – ihr müsst eure Einstellung zu euch selbst ändern, damit ihr die Heilung einleiten könnt.

Ihr habt verstanden, dass sich die Erde auf eine Katastrophe zubewegt, und ihr habt auch verstanden, dass ihr etwas dagegen unternehmen müsst, um selbst überleben zu können. Dies habt ihr verinnerlicht, doch was ihr noch nicht verinnerlicht habt, ist die Tatsache, dass ihr es seid, die etwas Grundlegendes verändern müsst, damit dies auch tatsächlich möglich wird. Ihr seid diejenigen, die sich umstellen müssen, und das nicht nur ein klein wenig, sondern massiv! Wenn ihr das verinnerlicht habt, dann könnt ihr auch etwas dagegen unternehmen, doch im Augenblick sind die meisten Taten nur Lippenbekenntnisse, die zu keiner wirklich großen Veränderung führen. Ihr müsst auch im Falle einer Krankheit verinnerlichen, dass ihr diejenigen seid, die die Krankheit verursacht haben, und dass auch ihr wieder diejenigen seid, die die Krankheit heilen können – doch nur, wenn ihr etwas Grundlegendes ändert. Diese Änderung ist das Ziel der Seele – darum hat sie euch krank gemacht, damit ihr anhalten müsst und damit aufgefordert seid, etwas zu hinterfragen und zu verändern, damit ihr wieder gesund werdet. Das ist das einfache Prinzip eurer Seele. Sie ist das mächtigste Element des dreiteiligen Menschen. Der Körper ist das schwächste Glied, denn er hat die Folgen unmittelbar zu tragen und empfindet das mit der Krankheit verbundene Leid. Er kann sich nicht alleine helfen, dazu benötigt er den Willen des Geistes bzw. des Verstandes und dann erst ist Heilung möglich!

Ihr seid in letzter Konsequenz immer die Verantwortlichen für eure Krankheit – ihr habt sie ausgelöst und ihr könnt sie auch wieder heilen! So ist das Prinzip der Heilung aufgebaut – ihr müsst nur die Ursache erkennen und sie beseitigen, und schon ist die Heilung im Gange, doch so einfach dies auch klingen mag, es erfordert oft deutliche Einschnitte in euer gewohntes Leben, damit die Heilung erfolgreich sein kann. Ihr müsst die Veränderung wirklich wollen und den Prozess unterstützen, damit ihr zum Ergebnis kommt. Heilung ist somit gleichzusetzen mit Veränderung – Veränderung der Lebensumstände, die zur Krankheit geführt haben.

Wenn die Erde bald nicht mehr weiterweiß, wie sie sich von den vielen Problemen befreien kann, die ihr ihr aufgehalst habt, dann wird sie sich krank machen, und die Krankheit wird auf vielfältigste Weise zu erkennen sein – viele Symptome werden in Erscheinung treten, und die Heilung dieser einzelnen Symptome wird nur sehr schwer möglich sein, denn die Umstände, die dazu geführt haben, sind vielfältig und können nicht so schnell verändert werden. Damit dies nicht zum Kollaps führt, muss eine grundlegende Veränderung eingeleitet werden, die euch alle zusammen auffordert, euch zu ändern, denn sonst könnt ihr die Erkrankung der Erde nicht heilen. Ihr seid diejenigen, die die Erde heilen müssen, denn ihr seid die Einzigen, die auch die Krankheit verursacht haben. Ihr seid es, die es in der Hand habt, für Heilung zu sorgen!

Wenn die Erde nicht bald eine grundlegende Veränderung eures Verhaltens erfährt, dann wird sie in einer schweren Depression alle die lebensnotwendigen Elemente aufgeben, die euch das Überleben sichern, und ihr werdet nicht länger hier verweilen können. Euer Lebensraum wird nicht mehr zur Verfügung stehen, denn dieser Lebensraum ist schwer erkrankt und mit euren Giften übersät, die nicht nur die Erde krank machen, sondern euch alle dazu. So gibt es eine Verantwortung des Einzelnen für die Gesundheit des Anderen, und alle zusammen habt ihr Verantwortung für euch selbst und für euren Mutterplaneten Erde! Dies ist die grundlegende Einsicht für einen Heilungsprozess, der nicht nur auf die Erde bezogen ist, sondern ebenso auf euren Körper. Ihr habt es in der Hand, die Veränderungen herbeizuführen, derer es bedarf, um Heilung zu ermöglichen. Die Heilung ist ein Prozess, der ebenso wie die Erkrankung eine Ursache – einen Auslöser – hat. Ihr braucht den Auslöser nur zu drücken und schon geschieht das Wunder *Heilung*. Den Auslöser zu finden, das ist die Aufgabe, um die es geht.

Ihr könnt euch gar nicht vorstellen, wie sehr ihr dazu verleitet werdet, bereits auf dem halben Weg der Suche nach dem Auslöser hängen zu bleiben und zu glauben, dass ihr ihn gefunden habt, doch ist es häufig nur ein weiteres Symptom oder ein kleiner Auslöser, der als Begleiterscheinung mit dabei ist, und so kommt ihr häufig gar nicht so tief bis zu dem ursprünglichen Grund, der das Fundament der Erkrankung bildet. Dazu müsst ihr viel tiefer gehen – ganz tief hinunter an die Basis, dann werdet ihr den wahren Auslöser entdecken. Ihr Menschen habt dafür gesorgt, dass ihr auf der

Erde so viele Emissionen unterschiedlichster Natur habt, dass die Erde kaum noch atmen kann und vor lauter Giften und Zerstörung ihr Lebensnerv geschwächt ist. Ihr seid der Auslöser, doch man muss tief hinuntersteigen, um die wahre Ursache zu entdecken. In Eurem Falle ist es nicht die Industrialisierung und der Verkehr und die Landwirtschaft, die zu intensiv betrieben wird – in eurem Falle ist es ein ganz anderer Auslöser. Es ist das Geld – ihr habt das Problem, dass ihr sehr wohl wisst, wie all die Waren, die euch das Leben schöner und angenehmer machen, umweltschonend produziert werden können – ihr habt das Wissen und ihr habt auch die Technologie, doch habt ihr nicht genug Geld, um sie einzusetzen. Euch fehlt das Geld, um all das zu finanzieren! Wenn die Erde so weiter leben muss, dann wird sie sich bald nicht mehr um euch kümmern können. Ihr habt die Möglichkeit, jetzt gegenzusteuern und all die Maßnahmen zu treffen, derer es bedarf, um die Erde zu heilen. Tut ihr es nicht, dann ist euer gemeinsames Schicksal besiegelt – ihr werdet an der Erkrankung der Erde sterben, und ihr habt keine Möglichkeit, etwas dagegen zu unternehmen – euer Schicksal ist dann besiegelt. Ebenso bedeutet dies, dass ihr eine Erkrankung eures Körpers sehr ernst nehmen müsst, denn sie will euch auf einen Umstand hinweisen, der für die weitere Entwicklung nicht dienlich ist – ihr sollt darauf hingewiesen werden, dass ihr dringend etwas verändern müsst, um nicht an einer Krankheit zu sterben. Das ist der Hinweis, auf den ihr hören müsst, denn ansonsten könnt ihr die Konsequenzen möglicherweise nicht überleben. Das ist die Ernsthaftigkeit, mit der ihr an die Erkrankung herangehen müsst. Ihr habt es selbst in der Hand, und jede Erkrankung hat ihren Ursprung in der Seele des Menschen. Hört auf die Seele und ihr werdet die Ursache erkennen und verändern bzw. beseitigen können.

Die Erde steckt in einer tiefen Krise, die ihr durch euer Geld ausgelöst habt. Ihr messt alle Umstände und Dinge in Form von Geld, und nachdem ihr davon einfach viel zu wenig habt, könnt ihr an die wirklich großen Herausforderungen nicht herangehen – ihr seid gefangen in eurem System und könnt euch nicht mehr befreien, denn immer kämpft irgendwo jemand um sein finanzielles Überleben, oder ganze Gruppen könnten nicht weiter finanziell existieren, wenn diese oder andere Maßnahmen getroffen würden. Das Endresultat davon sind halbherzige Maßnahmen, die niemandem ernsthaft weh tun, allen ihr Überleben in finanzieller Hinsicht gewährleisten und in letzter Konsequenz dem Patienten zum garantierten Tode verhelfen.

Wenn ihr etwas gegen euren Untergang unternehmen wollt, dann müsst ihr es jetzt tun – jetzt oder nie ist die Devise, denn tut ihr es nicht, so kommt ihr sehr bald in eine viel heftigere Entwicklung hinein, als ihr es ohnedies schon seid. Ihr werdet mit viel härteren Symptomen des erkrankten Planeten konfrontiert werden, und zwar so heftig, dass die meisten von euch nicht überleben werden. Unter Umständen wird die Rasse Mensch vollkommen aussterben, wenn nicht ernsthaft gegengesteuert wird. Ihr wollt etwas unternehmen, um euch und euren Planeten zu retten? Dann schafft euer Geld ab und schafft alles weitere Eigentum ab, denn es gehört euch gar nichts – ihr seid nur Gast hier, und alles, was ihr in Verwendung habt und euren Besitz nennt, ist euch nur geliehen, und das nur für einen sehr kurzen Zeitraum. Ihr müsst loslassen vom Besitzdenken, denn nur so könnt ihr euch und euren Planeten retten. Das ist die Kernaussage – das ist die grundlegende Ursache für eure Probleme auf der Erde und das ist auch die häufigste Ursache für eure Erkrankungen – in diesem Fall ist euer Körper gemeint, denn die Krankheiten, die ihr in den letzten Jahrzehnten erschaffen habt, sind zwar enorm vielfältig, doch die meisten davon sind auf eure Geldgier und eure Angst vor dem Untergang zurückzuführen. Indem ihr keinen Besitz mehr kennt, braucht ihr euch auch nicht mehr darum zu sorgen, und ihr braucht so viel nicht mehr zu tun, was euch heute krank macht. Lasst los vom Besitzdenken, und lasst los von eurer Angst um eure wirtschaftliche Existenz, dann werdet ihr sofort wieder gesund werden.

Das sind alles sehr heftige Worte, das ist mir sehr bewusst, doch die Klarheit, die darin steckt, soll euch alle aufwecken, damit ihr erkennen könnt, was die wahren Ursachen für eure aktuelle Situation auf der Erde sind. Ihr könnt es jetzt erkennen, deshalb habe ich diese Worte so gewählt. Ihr werdet euch fragen, wie ihr es anstellen könnt, all das zu erreichen, und bei diesen Überlegungen werdet ihr möglicherweise an vielen Umständen immer wieder scheitern, doch um am Ende zu einem Ergebnis zu kommen, das euch allen wirklich weiterhilft, kann ich euch unsere Unterstützung zusagen, denn ihr könnt aus heutiger Sicht nur schwer aus diesem Dilemma herauskommen – ihr braucht Unterstützung, und die wird euch jetzt gewährt. Wir machen euch nicht nur darauf aufmerksam, wo eure Probleme begründet sind, sondern wir unterstützen euch auch bei ihrer Lösung, und dies geschieht durch die Veränderungen in der Erdschwingung und mit den Veränderungen, die in euren Köpfen eingeleitet wurden. Das Bewusstsein, das sehr bald in euch wachgerufen wird, bringt eine völlig veränderte Wahrnehmung euer selbst mit sich, und das wird euch helfen, die Umstände herzustellen, die ihr braucht, um die Veränderungen durchzuführen, die euch und die Erde heilen.

Frage: Ich bin fasziniert, wie eng die Gesundheit von uns Menschen mit der Gesundheit unseres Heimatplaneten verbunden ist. Wenn ich Dich richtig verstehe, dann willst Du uns sagen, dass wir die meisten unserer Krankheiten dadurch für immer loswerden, dass wir unser Geld abschaffen?

Antwort: Euer Geld könnt ihr dann nur noch dazu benutzen, um euch an die Vergangenheit zu erinnern, als abschreckendes Beispiel, was die Getrenntheit alles so hervorgebracht hat. Der Wegfall des Geldes wird eine heilsame Angelegenheit für euch alle, denn ihr könnt dadurch nicht nur aufhören, diesem Geld hinterherzulaufen und alle möglichen, aus menschlicher Sicht gesehen, Verbrechen zu begehen, um an das Geld heranzukommen, das euch so heilig geworden ist – ihr könnt dann auch aufhören, euch laufend Gedanken und Sorgen zu machen, wie ihr die nächste Zeit finanziell überleben könnt. Dadurch wird so viel Druck von euch abfallen, dass ihr bald gar nicht mehr daran denken werdet, was es bedeutet hat, Geld verdienen zu müssen. Dadurch könnt ihr völlig entspannt an euer Lebenswerk herangehen, und ihr müsst auch nicht mehr so viele Sorgen ertragen, was letztlich einer der Hauptgründe ist, warum ihr so sehr krank seid. Ein weiterer Grund für die Gesundung eurer Gesellschaft wird das neue Bewusstsein sein, denn ihr seid euch eurer Aufgabe hier auf der Erde bewusst und könnt euch deshalb auch viel mehr auf die freudigen Dinge konzentrieren, und freudige Tätigkeiten machen sicherlich nicht krank, ganz im Gegensatz zu den Arbeiten, die ihr heute verrichten müsst, um euer Geld zu verdienen.

Frage: Dadurch dass die Arbeiten, die wir verrichten, nicht immer viel Freude bereiten und unsere finanziellen Sorgen oft schwer auf uns lasten entstehen also Krankheiten – was haben diese Krankheiten denn mit dem Auslöser der Seele zu tun, die ihren Lebensplan verwirklichen möchte?

Antwort: Die Seele ist der Wächter des ganzen Systems Mensch – sie hat die Aufgabe, dafür zu sorgen, dass der Lebensweg des Menschen, der vorbestimmt wurde, eingehalten wird. Dazu zählen die vielen Erfahrungen, die auf dem Lebensweg gemacht werden sollen, damit das Ziel der Inkarnation erreicht werden kann. Dieses Ziel ist das höchste, das es in diesem Leben zu erreichen gibt. Wenn der Mensch einer Arbeit nachgeht, die nicht zur Zielerreichung beiträgt, dann wird die Seele einige Zeit zusehen und den freien Willen des Menschen respektieren, doch insgeheim wird sie dem Menschen viele Signale senden, an denen er erkennen kann, dass er auf dem falschen Wege ist. Missachtet er diese Signale, dann wird sie deutlicher werden mit ihren Hinweisen, und wenn das auch nichts hilft, dann wird sie nur noch eine Möglichkeit haben, um den Menschen zu einer Kehrtwendung zu bewegen – sie wird ihn erkranken lassen oder ihm durch einen Unfall klarmachen, dass er einen anderen Weg gehen soll, der wieder das große Ziel im Auge hat.

Frage: Jetzt komme ich zur Kernfrage, die sich wahrscheinlich die meisten Leser stellen werden: Woran erkennt jeder Mensch seine Lebensaufgabe und woher weiß er, dass er jetzt eine gewisse Erfahrung machen soll, die ihn als Mensch wachsen lässt, auch wenn ihm diese vielleicht gar nicht gefällt, weil sie eine dramatische, leidvolle Erfahrung ist.

Antwort: Die Menschen haben alle vor ihrer Geburt ein bestimmtes Leben auf der Erde gewählt, das eine Vielzahl von Ereignissen beinhaltet, aus denen der Mensch ebenso viele Erkenntnisse ziehen soll, damit er dadurch an Weisheit gewinnt. Diese Weisheit benötigt er, um sein persönliches Wachstumsziel zu erreichen, und dieses Ziel ist die Meisterschaft. Meisterschaft zu erlangen, bedeutet, bewusst göttlich zu sein, und dies wiederum bedeutet, die göttliche Liebe in allen Gedanken und Handlungen zum Ausdruck zu bringen. Das ist das höchste Ziel, das ein Mensch erreichen kann. Der Weg dorthin ist lang und steinig, denn ihr seid ja hierher gekommen, um eine Entwicklung zu durchlaufen, was natürlich nicht bedeutet, dass ihr schon perfekt startet, sondern dass ihr durch diese unzähligen Erfahrungen, die oftmals für euch oder für andere schmerzvoll sein können, die Erkenntnisse sammelt, die ihr benötigt, um letztlich die Göttlichkeit in allem zu erkennen. Ihr seid öfter, als ihr denkt, nicht nur Opfer der Umstände, sondern ebenso oft auch Täter, auch wenn euch das gar nicht bewusst ist, denn eure Wahrnehmung ist sehr subjektiv und äußerst eingeschränkt. Doch die wahre Erkenntnis erlangt ihr erst im Laufe der Zeit, wenn ihr durch die Erfahrungen an Reife gewinnt, und diese Reife ist letztlich Weisheit, und die höchste Weisheit ist die Erkenntnis eurer Göttlichkeit. Damit ihr euren schöpferischen Auftrag ausführen könnt, benötigt ihr die höchste Weisheit, die man auf Erden erlangen kann, und genau deshalb seid ihr hier und genau deshalb habt ihr bereits so viele Leben auf der Erde absolviert. Jedesmal wenn ihr auf der Erde seid, unterliegt ihr alle einer grundlegenden Veränderung, denn ihr startet zwar mit dem Wissensstand aus den vielen vorangegangenen Inkarnationen, doch ist euch dieses Wissen nicht direkt zugänglich und die Erfahrungen aus dem aktuellen Leben geben euch zusätzliche Informationen über den wahren Zweck eures Daseins. Langsam entwickelt ihr euch zu dem, was euer Endziel ist, auch wenn ihr dies bislang nicht gewusst habt, doch tief in euch drinnen gibt es eine Ahnung, warum ihr dies alles erleben sollt – diese Vorahnung ist es, die euch führt, und diese zu akzeptieren, ist das Wichtigste, was ihr tun sollt, damit ihr das große Ziel erreichen könnt. Instinktiv folgt ihr diesem Gefühl, denn es weist euch den Weg zu eurem wahren Ich. Ihr seid diejenigen, die innen drinnen genau wissen, was ihr Weg sein soll, doch die Versuchungen der Getrenntheit, euch von eurem Weg abzubringen, sind dermaßen groß, dass ihr es immer wieder schafft, Erfahrungen im Bereich der Getrenntheit zu sammeln, die euch in Summe dann die Erkenntnis bringen, dass es das nicht ist, wonach ihr in Wahrheit strebt. So gelangt ihr über die Erfahrungen dessen, was ihr nicht seid, zu der großen Erkenntnis, was ihr wirklich seid, und dann ist es geschafft – ihr habt die wichtigste Aufgabe erfüllt – euer Geist hat verstanden, worauf es im Leben wirklich ankommt. Und das ist nicht Reichtum und Macht über andere – es ist die göttliche Liebe, die durch euch ihren Ausdruck finden soll. Und genau deshalb seid ihr hierher gekommen. Ein Leitstern kann euch sein, dass ihr euch selbst fragt, ob euch die Handlung, die ihr gerade ausführt, weiterbringt – ob sie euch dienlich ist, und es wird euch ein inneres Gefühl begleiten und euch sagen, ob das so ist oder nicht. Das ist die große Führung, die in euch wohnt und auf die ihr hören müsst – sie ist zuverlässig und wird euch den Weg zeigen und euch auch immer darauf hinweisen, wenn ihr abgebogen seid, um eine weitere Erfahrung in der Getrenntheit zu machen. Diese innere Führung weist euch den Weg, und sie ist es, worauf ihr hören sollt, dann seid ihr immer auf dem richtigen Weg! Es mag sein, dass euch die Logik aus wirtschaftlicher Sicht oftmals etwas ganz anderes rät und dass ihr aus Gründen gesellschaftlicher Erwartungen vielleicht geneigt seid, anders zu entscheiden, als euer Entwicklungsweg es vorsieht, doch wenn ihr in euch einkehrt und darauf achtet, was eure innere Stimme und euer inneres Wesen

euch mitteilen möchten, dann habt ihr die Führung, die ihr benötigt. Ihr werdet dann zwar häufig im Widerspruch zu euren übli-
chen Entscheidungen leben und handeln müssen, damit ihr den
Weg ins Licht findet, doch wer konsequent auf seine inneren Wegweiser achtet, der ist auf dem richtigen Weg, und dieser führt häufig
an den Menschen vorbei, die euch begleitet haben und mit euch gewisse Erfahrungen in der Getrenntheit geteilt haben. Wenn ihr diesen Weg verlasst, dann werdet ihr auch diese Menschen vorübergehend anders betrachten als bisher, und sie werden auch nicht mehr
verstehen können, warum ihr plötzlich so anders entscheidet, als ihr
es bisher getan habt, und dann werdet ihr bald erkennen können,
dass der Weg, den ihr jetzt eingeschlagen habt, ein viel sanfterer ist,
als ihr ihn bisher gekannt habt, denn im Einklang mit der höchsten
Führung zu sein, bedeutet immer, ein angenehmeres Leben zu führen, das vielleicht auf manche Annehmlichkeiten, die die Getrenntheit als Lockmittel anbietet, verzichtet, dafür aber für absoluten inneren Frieden sorgt, und das ist das schönste Gefühl, das ihr empfinden könnt. Innerer Friede bedeutet zugleich, im Einklang mit
der Göttlichkeit zu sein, und das ist das Höchste, was ihr erreichen
könnt.

Die Erde

Die Heilung ist ein ganz besonderer Vorgang, den uns die Erde in so vielen Fällen bereits gezeigt hat. Das, was wir bislang sehen konnten, ist eine wundersame Heilung vieler Elemente auf der Erde – von allem, was der Erde jemals widerfahren ist, wurde sie geheilt, und alle weiteren Ereignisse auf der Erde werden ebenfalls geheilt werden. Nichts kann die Erde jemals so weit an den Abgrund bringen, dass sie nicht wieder geheilt werden könnte. Wir haben so viele schwerwiegende Verletzungen gesehen, und die Erde wurde wieder heil – unzählige Ereignisse haben die Erde betroffen und ihre Spuren hinterlassen, doch alle zusammen wurden wieder geheilt. Warum ist das so? Die Antwort ist eine sehr einfache – die Erde hat ihre Aufgabe zu erfüllen, und für die Erfüllung dieser Aufgabe hat sie die Unterstützung von den Engeln, die auf sie achten und ihr die Heilung zukommen lassen, die sie verdient. Wir Engel sorgen dafür, dass sich die Erde wieder erholen kann, wenn sie verletzt wurde, und immer wieder wird dies der Fall sein. Gerade jetzt läuft ein großes Heilungsprogramm, das die schwerwiegenden Folgen der Zerstörung und Vergiftung durch die Menschen wieder heilt. Dieses Programm hat oberste Priorität, und davon ebenso betroffen ist die Menschheit als Bewohner des Planeten Erde. Auch ihr unterliegt unserem Schutz, und ihr werdet ebenfalls wieder geheilt, denn die Erfahrungen, die ihr in der Trägheit der 3. Dimension gemacht habt, waren oftmals nicht besonders erbaulich, und die Dramatik eures Empfindens hat viele Wunden und Narben hinterlassen. All diese werden jetzt wieder geheilt, und die Engel werden euch durch diesen Heilungsprozess führen. Alle Verletzungen der Vergangenheit werden geheilt – alle tiefen Wunden werden wieder verschlossen –

das Einzige, was bleibt, ist die Erinnerung an die Erfahrung, die damit gemacht wurde, und die Erkenntnis daraus. Letztlich bleibt die Weisheit übrig, die dafür sorgt, dass ihr alle zusammen einen großen Schritt vorwärts macht und eure Entwicklung einen riesigen Meilenstein vorankommt. Ihr steht vor dem Aufstieg in die nächst höhere Stufe des Bewusstseins, und alle Ereignisse der Vergangenheit sind jetzt an der Reihe, geheilt zu werden. Ihr steuert auf das große Ereignis zu, und ihr könnt euch noch gar nicht vorstellen, was euch alles erwartet – Ihr könnt nur vage erahnen, welche weitreichenden Konsequenzen dieser Aufstieg für euch hat – wie viel Heilung, wie viel Liebe und wie viel Zuneigung darin enthalten sein wird – ihr habt keine Vorstellung davon, was es bedeutet, nicht mehr als einzelnes Individuum in der Getrenntheit von allem zu leben, sondern in der Einheit mit allem, die Geborgenheit zu spüren und die Freiheit und Unabhängigkeit zu leben.

Ihr solltet dies wissen, damit ihr aufhört, euch darüber Gedanken zu machen, wie ihr all die Wunden, die ihr der Erde zugefügt habt, wieder heilen könnt. Wir Engel werden dies mit euch gemeinsam tun, und wir werden euch anleiten, wie ihr der Erde das zurückgeben könnt, was ihr ihr genommen habt. Seid gewiss, dass ihr keinerlei Rechtfertigung dafür ablegen müsst, was ihr der Erde im Laufe der Zeit angetan habt. Ihr habt keine Schuld im klassischen Sinne, denn all diese Erfahrung war Teil eures Entwicklungsprozesses, den ihr absolviert habt, doch jetzt könnt ihr damit aufhören, denn ihr wisst jetzt, dass ihr auf der Erde seid, um eine Entwicklung zu absolvieren. Und diese Aufgabe habt ihr sehr intensiv erfüllt. Ihr habt über das, was ihr nicht seid, so viele Erfahrungen sammeln können, dass ihr diese jetzt nutzen könnt, um sie und eure Weisheit in der nächst höheren Dimension dafür einzusetzen, das zu werden, was ihr schon immer gewesen seid.

Wenn ihr anfangt, zu verstehen, dass ihr auf die Erde gekommen seid, um hier eine Entwicklung zu absolvieren, und dass diese Entwicklung nicht nur in einem einzigen Leben, sondern in vielen Inkarnationen stattfindet, dann habt ihr die wichtigste Botschaft bereits verstanden, doch wenn es um den Aufstieg in die 5. Dimension geht, dann ist es wichtig zu wissen, dass dieser Aufstieg die Rückkehr zur Einheit bedeutet – die Rückkehr zur Einheit mit Gott und allem, was ist. Ihr seid die unmittelbaren Nachkömmlinge von Gott, denn Gott hat sich in unzählige Einzelteile geteilt, um das Leben und die Pracht seiner Schöpfung am eigenen Leib zu erfahren, und so kommt es, dass Gott in allem steckt und ihr seine bewussten Nachkömmlinge seid – sein Schöpfungswerk, das dazu dient, das Leben in seiner größtmöglichen Vielfalt am eigenen Leib zu erfahren und zu sehen, wie sich die göttliche Liebe in allem Leben ausbreitet. Das ist die Kernbotschaft, wenn es darum geht, zu erkennen, was ihr seid und wozu ihr diese Entwicklung machen sollt. Ihr macht dies, um als Schöpfer in Erscheinung zu treten – ihr seid nicht nur Teile von Gott – ihr seid Gott und als dieser der Schöpfer selbst. Ihr könnt eure schöpferische Kraft dazu benutzen, um neues Leben auf allen Planeten im Universum zu erschaffen. Dazu seid ihr hier und dazu werdet ihr bald in der Lage sein. Dies bewirkt der Aufstieg in die nächst höhere Stufe des menschlichen Bewusstseins. Ihr vollendet diesen Aufstieg sehr bald!

Eure lange Entwicklung diente der Erlangung von unsagbar großer Erfahrung und Weisheit. Eine Fülle von Informationen, die euch dazu dienen sollen, eure schöpferische Macht zielgerichtet dafür einzusetzen, dass die höchste Göttlichkeit ihren Ausdruck in eurer Schöpfung findet. Die höchste göttliche Schöpfung ist die Liebe zu allem, was ist. Ihr seid dann der Ausdruck dieser Liebe, indem ihr mit allen Geschöpfen so umgeht, wie es ihrer Abstammung entspricht. Ihr seid der Schöpfer und ihr könnt das Werk jetzt fortsetzen, denn die geforderte Erfahrung durftet ihr reichlich machen, und ihr seid jetzt bereit, den nächsten Schritt zu machen.

Wenn ihr diesen Aufstieg vollbracht habt, dann könnt ihr mit Gewissheit dafür sorgen, dass all die Heilung auf der Erde stattfindet, die notwendig ist, um die Systeme des Lebens wieder vollständig herzustellen. Alle Wunden werden geheilt, und alles wird vergeben sein. Dies ist die schönste Art der Heilung, die man sich wünschen kann, denn die Heilung der Erde ist das Wichtigste überhaupt, denn sie ist die Grundlage allen Lebens auf diesem wunderbaren Planeten.

Wenn die Heilung erst eingeleitet wurde, dann ist sie schon so gut wie erfolgt – dieses Grundgesetz haben wir bereits beleuchtet, und ihr werdet sehr bald damit beginnen können, denn ihr werdet sehr viel mehr Zeit dafür haben, als es bisher möglich war. Ihr könnt euch in Zukunft sehr viel mehr mit euch selbst und eurem Auftrag beschäftigen, weil ihr so viel mehr Zeit dafür haben werdet, denn die Aufgaben, die ihr euch derzeit auferlegt habt, um das Geld zu verdienen, das ihr zum Überleben braucht, fallen zur Gänze weg – ihr werdet euch mit vielen Dingen beschäftigen können, die euch bisher unbekannt und unmöglich waren. Die Heilung der Erde ist eines davon, und das wird einige Zeit in Anspruch nehmen.

Das solltet ihr euch zu Herzen nehmen, denn ihr seid die liebevollen Schöpfer, die dafür sorgen, dass die Geschöpfe Gottes mit der Liebe behandelt werden, die ihnen zusteht, und darum werdet ihr auch so eifrig daran arbeiten, die Erde zu heilen und dafür zu sorgen, dass die Natur wieder prachtvoll sprießen kann. Wir sprechen von der Liebe Gottes, und wir wissen, dass ihr Gott seid, somit sprechen wir auch von der Liebe, die ihr den Geschöpfen Gottes, euren Geschöpfen, zuteil werden lasst. Dies tun wir deshalb, weil ihr erkennen müsst, dass all das, was existiert, eure Geschöpfe sind – ihr habt all das erschaffen, doch dadurch, dass ihr den Weg des Vergessens gegangen seid, als ihr zur Erde gekommen seid, müsst ihr dies erst wieder erfahren. Wir helfen euch dabei, und ihr werdet sehr bald verstanden haben, dass ihr die ganze schöpferische Macht in euch tragt. Mithilfe dieser mächtigen Fähigkeit könnt ihr alles erschaffen, was euch wichtig erscheint – ihr habt die Grundregeln gelernt und kennt jetzt die Voraussetzungen, die eure Geschöpfe brauchen, um die göttliche Liebe in sich zu tragen und diese in jeder Sekunde zum Ausdruck zu bringen. Ihr seid der Schöpfer und ihr habt die Macht zu erschaffen – macht euch das bewusst, denn es ist eure Aufgabe, dies zu tun!

Was dies alles mit der Heilung des menschlichen Körpers zu tun hat, will ich euch im Anschluss näherbringen. Ihr wollt eure Krankheiten heilen, dann macht zuerst Folgendes: Sorgt dafür, dass die wahre Ursache erkennbar wird – beseitigt alle zwischengelagerten, möglichen Auslöser der Krankheit – überwindet die Versuchung, zu glauben, dass diese alleine die Ursache dafür sind, und bemüht euch darum, dass die Voraussetzungen für die Heilung geschaffen werden können. Ihr müsst lediglich dafür sorgen, dass alle erkennen können, worin die Ursache überhaupt liegt, denn ohne Erkenntnis der Ursache keine Heilung! Alles, was dann noch fehlt, ist, der Seele diesen Umstand klar und deutlich mitzuteilen, damit sie erkennen kann, dass sie jetzt gefordert ist, die Krankheit wieder zu beseitigen und die Heilung zu unterstützen. Diese Kommunikation mit der Seele ist jedem möglich – niemand braucht dazu übernatürliche Fähigkeiten, denn die Seele ist ein Teil des Menschen, und alle Teile stehen in direkter Verbindung miteinander – der Mensch braucht lediglich die Kommunikation intern zu unterstützen, und dann wird alles wie von selbst funktionieren. So einfach funktioniert Heilung, wenn sie auf der Erkenntnis der Ursache aufgebaut ist! Medikamente können dabei helfen, doch die ureigenste Heilung kommt vom Verursacher selbst. Die Seele ist die Leidtragende, die sich nicht mehr anders zu helfen weiß, als den Menschen durch eine Krankheit von seinem Weg abzubringen, damit er zurückkehrt zu der gemeinsamen Sichtweise des zu erfüllenden Auftrags. Je genauer ihr auf euren Auftrag hört und je mehr ihr darauf achtet, dass ihr diesen erfüllt, desto eher werdet ihr von Krankheiten verschont bleiben. Immer wenn ihr abweicht von eurem Weg, dann werdet ihr auf eine bestimmte Art und Weise darauf hingewiesen, und jede Krankheit hat ebenso wie jeder Unfall ihren Ursprung in der Seele. Zumeist kann man von einem mangelnden Verständnis des Geistes/Verstandes für die Absichten der Seele sprechen, und diese Einheit muss wieder hergestellt werden – je mehr der wache Verstand die Absichten der Seele kennt, desto eher wird er diese auch unterstützen und dadurch jegliche Korrekturen durch die Seele vermeiden können. So einfach bleibt ein Mensch gesund!

Die Erde heilt sich selbst (1)

Alles, was die Erde braucht, um sich selbst heilen zu können, ist von uns Engeln vorbereitet worden – ihr habt der Erde viel Leid zugefügt, doch sie kann sich alleine helfen, denn es wurde der Erde eine grundlegende Fähigkeit mitgegeben, die es ihr erlaubt, sich selbst zu heilen. Ihr Menschen habt diese Fähigkeit ebenfalls mitbekommen – auch ihr könnt euch selbst heilen. Euer Körper tut das laufend, indem er sich von innen heraus erneuert, und genau dieser Prozess der Erneuerung läuft auch auf der Erde ab. Ihr habt diese Fähigkeit, damit ihr eure Entwicklung absolvieren könnt, damit ihr als Kinder wachsen könnt und damit ihr, wenn euch Schaden zugefügt wurde, euch selbst regenerieren könnt. Die Selbstheilungsprozesse sind sehr mächtig und starten schon, bevor die Krankheit überhaupt voll ausgebrochen ist. Der Körper wehrt sich gegen die Einflüsse von außen und bedient sich dabei einer Armee von Helfern, die blitzartig in Erscheinung treten, wenn Gefahr droht. Die Erde hat ebenfalls so eine Armee an Helfern – unzählige Mikroorganismen, die dafür sorgen, dass alles, was der Erde Schaden zufügt, abgebaut wird – diese Mechanismen sind ebenfalls laufend aktiv und helfen der Erde, möglichst schnell wieder gesund zu werden. Der Zeithorizont der Heilung des menschlichen Körpers und der Erde ist jedoch grundlegend verschieden. Die Heilung eines Menschen sollte möglichst nur Tage oder Wochen dauern, die Heilung der Erde kann hingegen Jahrhunderte oder sogar Jahrtausende dauern. Der Erde ist der Zeitraum verhältnismäßig egal, denn sie hat kein Ablaufdatum wie der menschliche Körper, darum müssen die Prozesse beim Menschen viel schneller verlaufen.

Wenn ihr bedenkt, wie sehr dieser Heilungsprozess von inneren Abläufen bestimmt ist, dann könnt ihr euch vorstellen, wie wichtig die Aktivierung dieses Prozesses ist. Die Aktivierung erfolgt nicht nur durch die Automatismen des Körpers – sie erfolgt in erster Linie durch die Seele, die den Startschuss für die Heilung gibt. Wenn die Erde ihre Heilung beginnt, dann habt ihr noch gar nicht verstanden, dass sie überhaupt verletzt wurde oder erkrankt ist. Ihr habt dann die Folgen noch gar nicht erkannt, die euer Handeln ausgelöst hat. Die Erde sieht dies sofort und reagiert auch sofort, denn dadurch ist sie euch immer einen großen Schritt voraus – sie beginnt bereits da, wo die Verletzung noch gar nicht richtig sichtbar geworden ist. Ein Prozess, der sofort beginnt, hat den Vorteil, dass er niemals durch zeitverzögerte Wahrnehmung zu spät einsetzen kann. Wann immer eine Verletzung passiert ist, startet die Heilung, auch wenn die vollständige Ausheilung viele Jahre dauern kann. Ihr alle kennt euren Heilungsprozess noch nicht genau, denn ihr alle habt noch nicht verstanden, dass die Seele der wahre Auslöser aller Funktionen im Körper ist – sie sorgt dafür, dass die Prozesse in Gang kommen, und sie sorgt dafür, dass die Heilung voranschreitet. Habt ihr erst einmal eine Krankheit, dann wird die Seele entscheiden, wie sehr die Heilung einsetzen kann und wie lange ihr durch die Krankheit gehemmt sein werdet. Sie bestimmt den Prozess, denn sie verfolgt ein klares Ziel. Sie wird sich an euren Reaktionen auf die Krankheit orientieren, wie sehr ihr aufgrund ihres Erscheinens eine Korrektur in eurem Verhalten vornehmt – sie setzt darauf, dass ihr erkennen könnt, dass ihr gefordert seid, etwas zu verändern. Das ist auch der Grund für die Vielfältigkeit der Krankheiten, denn euer Verhalten sollte auf die unterschiedlichsten Arten korrigiert werden können. Ihr habt einen freien Willen, und der soll auch euer höchstes Gut bleiben, damit ihr euer Leben gestalten könnt, wie es euch gefällt. Das Einzige, das ihr jedoch beachten müsst, ist der Umstand, dass ihr eine Lebensaufgabe mitbekommen habt und dass ihr vor eurer Geburt ein Leben in Auftrag gegeben habt, das eine gewisse Entwicklung vorsieht und in dem gewisse Abenteuer und Erlebnisse vorgesehen sind. Dieses Leben habt ihr bestellt, und ihr habt quasi die Seele als Wächter, damit all die bestellten Ereignisse auch stattfinden können. Ihr seid es, die es so ausgesucht haben, doch ist euch das in eurem Leben nicht bewusst und daher müsst ihr euch auf die Handlungen der Seele verlassen, die genau das organisiert. Ihr seid es, die darauf bestanden haben, dass euer Leben genau so verläuft, und ihr seid es auch gewesen, die das so ausgesucht haben. Euer Wille wird hier auf Erden verwirklicht, und das Ergebnis sind Erfahrungen in unterschiedlichster Form, damit ihr all die Weisheit erlangen könnt, um ein wahrer, großer Schöpfer zu werden.

Wenn ihr auf dem Weg zur Verwirklichung eures Auftrags bleibt, dann habt ihr nichts zu befürchten – ihr seid dann eben in der Erfüllung des Auftrags, und dabei gibt es keinerlei Korrekturen vorzunehmen. Krankheiten sind alles nur Korrekturen, das muss euch bewusst werden! Es ist die Welt, die euch zu Füßen liegt, sie ist euer Heimatplanet, und sie steht euch jederzeit für alle eure Erfahrungen zur Verfügung – nutzt sie als eure Spielwiese zum Sammeln von Erfahrungen – hört auf eure Seele und achtet auf die Signale, die ihr laufend aus eurem Umfeld bekommt – darin enthalten sind eure Aufträge, die ihr zu erfüllen habt. Ihr braucht lediglich darauf zu achten, was jeden Tag so rund um euch herum passiert und was euch eure innere Stimme sagt – hört darauf und ihr seid auf dem richtigen Weg!

Alles, was euch jetzt noch fehlt, damit ihr eure Krankheiten ausheilen könnt, ist die Erkenntnis dessen, was euer Auftrag ist. Ihr braucht lediglich darauf zu hören, was euch die Signale eures Umfeldes laufend mitteilen – hört darauf und ihr könnt alles erkennen. Die Signale sind so eindeutig, dass euch ihre Vielzahl klar eine Richtung vorgibt – bleibt wachsam und ihr könnt alles von selbst erkennen. Hört hinein in euch und lasst euch von den Gefühlen und Worten eures inneren Dialogs führen – achtet auf die Signale, die euch euer Körper gibt – achtet darauf, und ihr werdet all das verwirklichen können, wozu ihr hierhergekommen seid. Achtet einfach auf die Signale und lasst euch nicht von den Ängsten abhalten, denn die Ängste sind es, die euch zu sehr daran hindern. Sie sind nicht dazu da, um euch von etwas abzuhalten – sie sind lediglich dazu da, um euch zu ermahnen, Vorkehrungen zu treffen, dass gewisse Umstände nicht eintreten können oder dass diese nur gemildert in Erscheinung treten können. All das sollte euch nur helfen, den Weg zu bereiten, den ihr gehen sollt. Seid wachsam, auch darauf, was euch eure Ängste sagen wollen.

Alles, was ihr derzeit benötigt, um euch daranzumachen, eure Lebensaufgabe zu erfüllen, findet ihr in euch selbst – hier schlummert das ganze Wissen rund um euren Auftrag – zapft dieses Wissen an und verwendet es, um euren Weg zu gehen. Ihr habt die Möglichkeit dazu – eure Wahrnehmung ist nur so sehr von außen beeinflusst, dass ihr kaum Zeit findet, auf eure inneren Signale zu hören. Kaum jemand nimmt sich die Zeit, um sich zurückzuziehen und über sein Leben nachzudenken, um auf die Signale von innen zu hören und darauf zu bauen, dass ihr unter der höchsten Führung steht, die überhaupt möglich ist. Ihr habt die höchste Führung von uns Engeln – wir sind laufend bei euch, und wir versuchen euch laufend zu dirigieren, wenn ihr den Weg verloren habt – wir sind da, doch habt ihr uns aus eurer Wahrnehmung ausgeblendet. Kehrt zurück zur Wahrnehmung eures gesamten Umfelds und hört auf, euch von allen möglichen Dingen berieseln zu lassen – seid in der Ruhe und seid euch gewiss, dass ihr unter der höchsten Führung steht, die ihr nur haben könnt. Nutzt dieses Element der Führung, damit ihr all das verwirklichen könnt, was ihr euch vor eurer Geburt ausgesucht habt. Nutzt dies und werdet zu dem, was ihr schon immer gewesen seid. Ihr seid Gott, der Schöpfer, und als solcher in der Schöpfermacht geboren – nutzt eure Erfahrung, um als der Schöpfer in Erscheinung zu treten, der ihr immer schon gewesen seid.

Frage: Wenn jetzt an dieser Stelle, wie ich sehr hoffe, unzählige Menschen erkennen, dass sie ihr Leben in vielen Bereichen ändern müssen und fest entschlossen sind, in Einklang mit ihrem Lebensplan zu kommen, dann wird es notwendig sein, ihr Leben von heute auf morgen grundlegend zu ändern. Für die meisten Menschen ist dies unheimlich

*schwer, denn es spielen so viele Ängste vor den unmittelbaren Folgen der
Veränderungen mit. Das sind einerseits wirtschaftliche Nachteile, wenn
jemand z.B. seinen Job kündigt oder seine Beziehung beendet, in der es
wirtschaftliche Verflechtungen gab. Was macht z.B. eine Mutter, die
wirtschaftlich von ihrem Lebenspartner abhängig ist, aber schon lange
erkannt hat, dass sie mit ihm nicht mehr glücklich wird? Emotionale,
wirtschaftliche und gesellschaftliche Umstände erschweren den großen
Schritt häufig oder machen ihn nahezu unmöglich – wie können wir
unsere Ängste überwinden und die negativen Konsequenzen vermeiden?*

Antwort: Wenn ihr die Veränderung wirklich aus allertiefstem Herzen wollt, dann findet ihr einen Weg, um die Konsequenzen von
euch fernzuhalten, denn ihr werdet Vorkehrungen treffen, um diese
zu mildern oder zu vermeiden. Wirtschaftliche Abhängigkeiten werden im Normalfall von uns abgemildert, denn wir helfen euch in so
einem Fall, schnell wieder auf die Beine zu kommen – wir helfen
euch, auf andere Weise zu den finanziellen Mitteln zu kommen, die
ihr braucht, um eure Aufgaben zu erfüllen. Das erfordert jedoch
eine Menge von Vertrauen ins Leben – dieses Urvertrauen, das euch
dazu bringt, auf die Sache einfach loszugehen, ohne euch zu große
Sorgen zu machen. Dieses Vertrauen habt ihr alle verlernt, denn ihr
habt es von Geburt an praktiziert – ihr seid als Baby mit diesem Urvertrauen geboren worden und ihr alle habt gesehen, dass es euch
zum Erfolg geführt hat. Ihr habt mit diesem Urvertrauen eure ganze
Kindheit bestens überstanden, denn an eurer Seite waren nicht nur
wir Engel, sondern eure Eltern oder zumindest ein Elternteil, der
sich eurer angenommen und dafür gesorgt hat, dass es euch an
nichts fehlt. Kehrt zurück zu diesem Urvertrauen und hört auf,
euch alles nur in den schlimmsten Bildern auszumalen – bleibt zuversichtlich, damit ihr auch noch den Blickwinkel für eine positive
Lösung eures Problems behalten könnt. Ihr seid viel zu sehr auf die
negativen Folgen fixiert – ihr könnt uns um unsere Unterstützung
jederzeit ersuchen – wir werden sie euch immer mit größter Freude
bereitstellen, denn letztlich dient die Veränderung ja der Rückkehr

zu eurem vorherbestimmten Lebensweg, und den unterstützen wir auf jeden Fall.

Frage: Wir wissen, dass unser Körper, um gesund zu bleiben, eine ausgewogene Ernährung und regelmäßig Bewegung braucht – wir bewahren dadurch unsere Chance auf ein langes und aktives Leben. Was will uns unsere Seele sagen, indem sie uns z.B. Diabetes (Zuckerkrankheit) sendet, wenn wir uns über eine längere Zeit ungesund ernährt haben?

Antwort: Die Welt hat eine Vielzahl von Krankheiten entwickelt, die aufgrund verschiedener Einstellungen zu euch selbst entstanden sind. Ihr habt euch davon abbringen lassen, dass ihr euren Körper als das betrachtet, was er sein soll – er ist und bleibt für euch ein Werkzeug, damit ihr die Erfahrungen des Lebens hautnah machen könnt. Dieses Werkzeug habt ihr verkommen lassen – ihr habt es nicht gepflegt, und ihr habt euch zu sehr davon abhalten lassen, es regelmäßig zu benutzen, damit es seinen Zweck erfüllen kann. Dadurch wurde euer Werkzeug stumpf und unansehnlich und hat so seine Funktion eingebüßt. Wenn ihr auf euren Körper mehr achten würdet, dann hättet ihr alle sehr viel mehr Spaß am Leben, denn euer Körper sehnt sich danach, das Leben hautnah zu erfahren, doch eure Angst und eure Bequemlichkeit haben dazu geführt, dass ihr nur noch das unbedingt Nötige getan und dabei vergessen habt, dass euer Körper regelmäßig Pflege und Nahrung benötigt. Nahrung, die ihn stärkt und die ihm hilft, die Ereignisse des Lebens leichter bewältigen zu können. Wenn ihr auf euren Körper hört, dann sagt er euch, dass ihr ihm mehr Beachtung schenken sollt, denn er will einerseits gefordert werden und andererseits braucht er wieder Ruhe, um sich zu regenerieren. Das ist es, was euch die Seele damit sagen will.

Frage: Was hat es mit den kleinen Unfällen, z.B. im Haushalt, auf sich – blutiger Finger beim Kochen, ein am Couchtisch verletzter Zeh, ein bei einem Sturz ausgeschlagener Zahn u.v.m.?

Antwort: Ihr habt unzählige solcher Begebenheiten im Laufe eures Lebens, und wenn ihr einmal genau darauf achtet, was sich da zugetragen hat, dann werdet ihr feststellen, dass ihr die meisten dieser Ereignisse selbst produziert habt. Eure Gedanken haben diese Umstände hervorgerufen – ihr wart entweder völlig abwesend und habt euch mit dem Küchenmesser den Finger verletzt, oder ihr habt euch vor lauter Unachtsamkeit den Zeh gestoßen. Ihr habt es auf jeden Fall selbst produziert – eure Gedanken haben dazu geführt – in diesen Fällen zwar nicht bewusst, doch eure gedankliche Abwesenheit hat euch dazu verholfen. Wann immer ihr zweideutige Sachen produziert, werdet ihr Uneinigkeit als Ergebnis erfahren. Wenn ihr einerseits um die Ecke gehen wollt und gleichzeitig gedanklich etwas anderes produziert, werdet ihr folgerichtig ein Mischergebnis aus den beiden Dingen erhalten und da kann es schon mal passieren, das ihr euch eine kleine Verletzung zufügt. Dies sind jedoch keine Erscheinungen, die unmittelbar mit der Seele in Verbindung zu bringen sind – das sind die kleinen Unachtsamkeiten des Tages – das ist völlig normal, und ihr könnt es durch ein bewusstes Handeln vermeiden.

Frage: Viele Krankheiten und körperliche Verschleißerscheinungen sind aber oft nicht mehr heilbar, wenn der Mensch erst später erkennt, dass er sich mehr um seinen Körper kümmern muss. Warum ist das so?

Antwort: Wenn ihr euch um euren Körper früher gekümmert hättet, dann wären euch die Folgen erspart geblieben, doch ihr müsst davon ausgehen, dass nichts umsonst geschieht, denn eine Krankheit, die euch einen bleibenden Schaden oder eine bleibende Einschränkung beschert, hat ebenfalls ihren Sinn – ihr solltet eben auch diese Erfahrung machen, damit ihr versteht, dass es unbedingt notwendig ist, sich um sein Werkzeug zu kümmern und es zu pflegen, auch wenn es im Laufe der Zeit einem natürlichen Verschleiß unterliegt. Wenn ihr diesen Sinn nicht erkennen könnt, dann solltet ihr einmal genauer mit eurer Seele in Kontakt treten, und sie wird euch den wahren Sinn dieser Erscheinung erklären, und dann könnt ihr verstehen, warum es genau so sein musste.

Frage: Was ist mit genetisch bedingten Erkrankungen – sogenannten Erbkrankheiten?

Antwort: Alles, was euch mit auf den Weg gegeben wurde, dient einem einzigen Zweck – ihr solltet die Erfahrung machen, mit dieser Einschränkung oder diesem Umstand zu leben, ihn genauer verstehen zu lernen und damit in der Lage zu sein, eure Schlüsse aus der Erfahrung zu ziehen. Ihr seht alle Erkrankungen und sonstigen Erscheinungen des Körpers, die euch Schmerzen oder sonstige Einschränkungen zufügen, als sehr dramatisch an, doch die Seele sieht dies nicht so und als Ungerechtigkeit des Schicksals an – sie erachtet das nur als das, was es ist – die Möglichkeit, eine Erfahrung zu machen, die ihr in ihrer Sammlung noch gefehlt hat. Die Sammlung ist erst komplett, wenn alle bestellten Erfahrungen gemacht wurden und alle Inkarnationen abgeschlossen sind.

Frage: Das bedeutet also, dass es Krankheiten gibt, die nicht geheilt werden können/dürfen, weil dies nicht vorgesehen ist?

Antwort: Das ist einer der Kernpunkte, der wichtig ist, dass er hier zur Sprache kommt! Ihr habt viele Krankheiten, die ihr auch wieder heilen könnt, indem die Seele ihren Willen erhält und ihr auf euren Lebensweg zurückkehrt. Es gibt aber auch Krankheiten, die ihr deshalb ertragen müsst, weil ihr an dieser Krankheit reifen und über die Zeit die Erfahrungen und Erkenntnisse sammeln sollt, die euch diese Erkrankung ermöglicht. Diese Krankheiten werden oft den Rest eures Lebens eure Begleiter sein – es wird euch nicht gefallen, dass dies so ist, doch werdet ihr keine andere Wahl haben, als eure Lernaufgabe darin zu suchen und sie zu bewältigen. Viele dieser Krankheiten dienen auch dazu, um euer Leben auf der Erde zu beenden, das bedeutet, sie führen zum Tod. Das tun sie auch aus einem ganz bestimmten Grund, denn oft sind diese Krankheiten die letzte Erfahrung, die ihr in dieser Inkarnation machen sollt, und häufig dienen sie auch dazu, um den gesamten Inkarnationszyklus zu beenden, weil alle geforderten bzw. bestellten Erfahrungen gemacht wurden und der Körper sozusagen nicht mehr benötigt wird. Ihr müsst wissen, dass euer Leben deshalb nicht beendet wird – ihr seid unsterblich, und das Leben auf der Erde in Form eines menschlichen Körpers ist nur ein Zwischenstadium, das dem Sammeln von Erfahrungen dient. Dieses Zwischenstadium wiederholt sich sehr häufig und jedes Mal in einer unterschiedlichen Form zu einer unterschiedlichen Zeit und in einem unterschiedlichen Land. Ihr alle seid viele Male auf der Erde und eure Inkarnationen verlaufen alle grundlegend anders. Das Ziel aber ist immer das gleiche – ihr sollt so viele Erfahrungen wie möglich sammeln, um über die Gesamtzahl dieser Erfahrungen an so viel Weisheit zu gelangen, dass ihr als das, was ihr immer schon wart, in Erscheinung treten könnt. Ihr habt dies gewählt, damit ihr auf der Erde das Leben hautnah erfahren könnt und eure Weisheit weiter anwachsen kann. Deshalb seid ihr hier!

Persönliche Frage: Ich habe eine kaputte Bandscheibe – die habe ich mir beim Sport im Alter von rund 20 Jahren zugezogen, seither habe ich immer wieder Schmerzen und eine verspannte Muskulatur im Lendenwirbelbereich. Mein rechtes Knie hat bereits zwei schwere Verletzungen erlitten, und ich bin dadurch bei einigen Sportarten eingeschränkt. Warum ist mir das passiert?

Antwort: Deine Bandscheibenverletzung hast du dir schon vor vielen Jahren zugezogen – du hast die dauerhafte Schädigung lange nicht bemerkt, doch seit längerer Zeit hast du mit den Folgen zu kämpfen. Der Grund, warum dir das passiert ist, lässt sich sehr einfach auf den Punkt bringen. Du hattest dich damals sehr weit von deinem Lebensweg entfernt und dich ausschließlich deinem Vergnügen hingegeben. Du hattest kein Interesse, dich um deine persönliche

Entwicklung zu bemühen, und warst nur daran interessiert, deinem Sport nachzugehen. All das hat deine Seele dazu veranlasst, dir mitzuteilen, dass es außer deinem Sport auch noch andere Dinge in deinem Leben geben sollte. Du wurdest gezwungen, darüber nachzudenken, was irgendwann später sein soll, wenn du nicht mehr in der Lage bist, deinen Sport so intensiv auszuüben. Darum hast du diesen Unfall erlitten. Das hat ja auch einige Zeit gut funktioniert, du warst wieder zentriert und hast dich entwickelt. Nach einiger Zeit kam eine Erfahrung auf dich zu, die dich bis heute nicht mehr loslässt – du hast dir die erste schwere Knieverletzung zugezogen, die deshalb zustandegekommen ist, weil du dich erneut weit von deiner Lebensaufgabe entfernt hast und wiederum nur dein persönliches Vergnügen im Vordergrund gestanden ist. Du hast dich anderen Menschen gegenüber nicht geöffnet, du hast nicht verstanden, dass du eine andere Botschaft hättest verbreiten sollen. Deine Aufgabe wäre es gewesen, dem Leben zu zeigen, wer du wirklich bist. Du hast damals vergessen, dass du ein Herz hast. Das hast du sehr tief verschlossen gehalten. Deshalb musstest du geöffnet werden, damit du wieder erstrahlst und bemerkst, dass es Menschen gibt, die dich lieben und denen du ebenso mit einem offenen Herzen entgegentreten sollst. Die Erinnerung an dein Herz war das Ziel, doch hast du dich dem völlig verschlossen. Stattdessen hast du mit den Menschen nur gespielt und letztlich deinen persönlichen Vorteil daraus gesucht. Das war für viele schmerzhaft, und genau diesen Schmerz musstest du fühlen, als du deine Verletzung hinnehmen musstest. Nachdem du deine Lektion verstanden hast, konntest du dich auch wieder gut mit deinem Knie versöhnen und hattest kaum Probleme damit. Als du viele Jahre später erneut in die falsche Richtung gelaufen bist, hast du dich erneut verletzt, und die Herzensbildung musste bei dir wieder eine Korrektur erfahren. Es war die Zeit nach der Trennung von deiner Ex-Frau, da hattest du völlig vergessen, was deine Aufgabe auf der Erde ist – du hattest vergessen, dass du dazu da warst, um dein Herz zu öffnen, das von vielen Ereignissen in der Vergangenheit verschlossen war. Die Öffnung deines

Herzens für die anderen Menschen war das große Ziel, und von dem warst du über einen längeren Zeitraum völlig abgekommen. Du hast im Anschluss deinen Weg gefunden, und jetzt hast du es geschafft – du bist der Mensch geworden, der du schon lange hättest sein sollen – du bist offen für alle Herzensangelegenheiten und kannst über viele Dinge hinwegsehen und empfindest jetzt ganz anders als damals. Du bist heute geöffnet und hast verstanden, dass dies das Wichtigste im Leben ist. Du hast dich geöffnet für die Anliegen aller Menschen, und genau das war das Ziel. Du bist auf der Erde, um den Menschen zu helfen – du bist hier, damit du als Botschafter dienen kannst, und dafür musstest du dein Herz erst völlig öffnen lernen, und deshalb sind dir all die Dinge widerfahren. Das war dein Weg und deine Aufgabe – dies hast du nun geschafft, und deshalb bist du auch heute in der Lage, von uns diktierte Bücher für die Menschheit niederzuschreiben. Hättest du dich nicht geöffnet, dann wäre dies nicht möglich. Deine Öffnung galt vorerst den anderen Menschen, und dann erst konntest du dich der Welt des Lichts öffnen. Das ist der Hintergrund deiner Leidensgeschichte. Wäre dies nicht so verlaufen, dann wärst du vielleicht in ganz andere Regionen abgestürzt und wärst heute nicht das, was du bist.

Frage: Ich danke dir für die ausführliche Erklärung! Kannst du uns bitte noch erläutern, warum solche Verletzungen, wie die meiner Bandscheibe und die meines Knies, nicht wieder vollständig heilen können? Wir sind doch der Schöpfer, da sollte dies doch möglich sein?

Antwort: Wenn ihr als Schöpfer tätig sein wollt, um gewisse Umstände in eurem Leben zu verändern, dann könnt ihr dies auf jeden Fall tun, und ihr werdet auch erfolgreich sein. Wenn ihr dann in Kürze alle zusammen in die nächst höhere Dimension des Bewusstseins aufgestiegen seid, dann seid ihr zu vielem imstande, u.a. könnt ihr neues Leben auf der Erde und auf anderen Planeten erschaffen. Die existierenden Wesen könnt ihr allerdings nur bedingt heilen.

Die Erde braucht
einen anderen Daseinszweck

Wenn es nicht mehr nur darum geht, das Überleben zu sichern, dann wird es erst so richtig interessant auf der Erde, denn dann beginnt das Zeitalter des neuen, alten Schöpfers. Es ist die Zeit gekommen, wo die Menschen aufhören, lediglich darum zu kämpfen, dass sie ihr Überleben finanzieren können. Wenn die Erde das geschafft hat und sie nicht mehr alleine für das Überleben der Menschen zuständig ist, dann kann sie sich erst so richtig entfalten, denn dann wird sie in ihrer ureigensten Funktion tätig werden, dann kann sie sich voll entfalten und all das erschaffen, wozu der Mensch Lust hat. Die Einheit von Mensch und Erde wird zu einem Gespann höchster schöpferischer Kraft. Alle zusammen können auf der Erde und in weiterer Folge im ganzen Universum neues Leben erschaffen. Das ist die große Botschaft, die euch klarmachen soll, dass ihr nicht nur auf der Erde seid, um euch um das Geld zu streiten. Ihr seid hierhergekommen, damit ihr all das erfahrt, was ihr braucht, um ein weiser Schöpfer zu werden. Dieser Zeitpunkt ist jetzt gekommen, und ihr müsst euch nur noch darum bemühen, eure Weisheit dafür einzusetzen, dass neues Leben entsteht. Viele Menschen können heute noch gar nicht verstehen, dass ihr eine ganz andere Aufgabe auf der Erde habt und dass alles, was euch bisher widerfahren ist, nur einem einzigen Zweck gedient hat – nämlich die Weisheit zu erlangen, die ein großer Schöpfer braucht, um wahre Schöpfung betreiben zu können. Ihr habt die Fähigkeit bereits jetzt, doch ist sie in der Trägheit der vorherrschenden Schwingung massiv eingeschränkt. Durch die Erhöhung der Schwingung wird das Energiefeld der Erde und euer eigenes Energiefeld viel mächtiger und ihr könnt dadurch alles erschaffen, was euch im Leben auf der Erde wichtig ist.

Alles, was die Erde noch braucht, dass es dazu kommen kann, ist euer Aufstieg in die nächste Dimension des Bewusstseins. Dorthin seid ihr mit großen Schritten unterwegs, und das Ergebnis ist bereits bekannt. Ihr werdet alle zusammen eine Einheit bilden, und in dieser Einheit seid ihr zu unglaublichen Dingen fähig. Ihr werdet eure Welt völlig neu erschaffen, und das wird euch dermaßen viel Freude bereiten, dass ihr völlig vergesst, wie schwer es euch gefallen ist, bis an diesen Punkt zu gelangen. Die Welt wird von den Ereignissen dermaßen überrannt werden, dass ihr gar keine Zeit haben werdet, die Vergangenheit aufzuarbeiten. Es wird die Entwicklung so rasend schnell voranschreiten, dass jeder Einzelne gefordert ist, sich an die Neuerungen möglichst schnell zu gewöhnen, damit der tägliche Ablauf wieder normal verlaufen kann.

Alles, was ihr derzeit dazu beitragen könnt, ist der Vorgang an sich – ihr befindet euch in einem Übergangsprozess, der euch sehr fordern wird, denn es werden viele gewohnte Systeme auseinanderbrechen, ohne dass ihr etwas daran ändern könnt. Eure gewohnten Strukturen werden sich in vielen Bereichen auflösen, und ihr werdet in eine neue Dimension des Zusammenlebens gebracht und könnt auf einmal gar nicht mehr feststellen, was ihr dazu beigetragen habt, dass dies so rasend schnell geschehen ist. Der Übertritt in die neue Dimension wird von einem Tag auf den anderen geschehen, doch die Vorbereitungen dafür laufen schon seit geraumer Zeit. Ihr seid mitten drin in einem Veränderungsprozess eurer Gesellschaft, und ihr könnt euch nicht vorstellen, wie sehr ihr erfreut sein werdet, wenn sich die neue Struktur zu formen beginnt. Derzeit seid ihr noch im Zerfallsprozess der alten Strukturen, die neuen sind jedoch bereits in naher Zukunft zu erkennen. Diesen Übergang werdet ihr nicht so leicht finden, doch werdet ihr es dann umso leichter empfinden, wenn ihr dann angekommen seid. Ihr werdet die nächste Zeit sehr gefordert werden, denn eine ereignisreiche Zeit bricht über euch herein. Vieles wird geschehen und noch mehr wird auf euch zukommen, von dem ihr heute keine Vorstellung habt. Ihr werdet kaum glauben können, was ihr da zu erleben bekommt, wenn der Übergang weit fortgeschritten ist. Alles verändert sich, und alle zusammen werdet ihr kaum glauben, dass es jetzt soweit gekommen ist, dass ihr eine neue Dimension erreicht habt. Dieser Übergang wird fließend sein, doch der Zeitraum, indem er fließt, ist ein kurzer, denn die Schwingung wird in wenigen Tagen die eine Dimension verlassen und in die neue Dimension eintreten. Der Höhepunkt des Ereignisses ist der 21. Dezember 2012. Ein Datum, das ohnedies bereits seit langer Zeit bekannt ist und das euch alle dazu verhelfen wird, ein neues Dasein zu begründen, das auf völlig neuen Werten basiert und das – für sich gesehen – ein völlig neues Zeitalter der Menschheit darstellt.

Der Erde ist viel geholfen, wenn ihr das neue Zeitalter erreicht habt, denn ihr habt dann völlig andere Möglichkeiten, um ihr zu helfen, sich wieder zu regenerieren. Alle alten Verletzungen der Erde werden von euch wieder geheilt, und ihr sorgt auch dafür, dass ihr der Erde einen Liebesdienst erweist. Alles, was noch auf euch wartet, werdet ihr mit großer Freude erledigen, und schon bald geht es eurem Stern Erde wieder richtig gut. Diese Heilung der Erde ist eine der wichtigsten Tätigkeiten, die ihr Menschen durchführen werdet. Was alles dazu nötig sein wird, erzählen wir euch dann, wenn ihr direkt an die Arbeit geht. Jetzt geht es erst einmal um das Thema der Heilung der Menschheit. Das große Thema kann ebenfalls unmittelbar nach dem erfolgten Übergang in Angriff genommen werden. Die Menschheit muss all die Erfahrungen, die sie über die vielen Jahre gemacht hat, heilen. Das ist ein Prozess, den jeder für sich selbst ausführen kann, denn ihr erkennt durch die Erweiterung eures Bewusstseins, dass ihr auf der Erde seid, um einen Auftrag der höchsten Stufe auszuführen. Um dies zu können, bedarf es im Vorfeld gewisser Tätigkeiten, die euch mit der Vergangenheit aussöhnen. Alles wird geheilt und alles wird heil sein. Alle Menschen werden heil, und diese Heilung ist bezeichnend für die Zeit, auf die ihr zusteuert. Alles wird heil und alles wird wieder in seinen

Urzustand zurückversetzt. Das ist die größte aller Taten, die ihr vollbringen werdet. Indem ihr alles ungeschehen macht, könnt ihr lediglich die Erinnerung zurückbehalten, die euch die nötige Weisheit verleiht, die kommenden schöpferischen Tätigkeiten ausführen zu können.

Wenn ihr all das geschafft habt, dann ist das Thema Heilung zwar nicht wirklich abgeschlossen, doch wird der Stellenwert des Heilens ein ganz anderer sein, als er es heute ist. Ihr versteht unter Heilung den manuellen Eingriff von außen, um einen Umstand zu verändern, damit Schmerzen und Beeinträchtigungen aus dem Leben des Betroffenen verschwinden. Heilung an sich wird jedoch ganz anders definiert werden, wenn ihr die Heilung der Erde bewerkstelligt habt. Heilung bedeutet dann wieder eins zu sein – eins mit der Seele und eins mit dem Schöpfer. Wenn diese Einheit wiederhergestellt ist, dann könnt ihr von heiler Einheit sprechen, die keiner sonstigen Heilung bedarf, denn durch die Erlangung der Einheit gibt es kein Unheilsein mehr.

Frage: Gibt es dann keine Krankheiten mehr?

Antwort: Die Anzahl der medizinischen Eingriffe wird im Laufe der Zeit dramatisch abnehmen, denn eure Gesellschaft wird ein völlig neues Bewusstsein an den Tag legen und dadurch sehr viel weniger Gründe habe, um an irgendwelchen Leiden zu erkranken. Krankheiten wird es nicht mehr in der Form geben, wie ihr sie kennt, denn Krankheiten werden dann nicht mehr über die körperliche Erfahrung alleine definiert – die Krankheit wird nicht mehr als isolierte Erscheinung betrachtet werden, sondern es gibt dann eine neue Bezeichnung dafür. Ihr werdet dies dann die unheile Einheit nennen. Eine unheile Einheit braucht Heilung, um die Einheit wieder voll und ganz herzustellen. Wann immer dieser Zustand eintritt, werden auf verschiedensten Ebenen Möglichkeiten gesucht, um die Einheit möglichst schnell wiederherzustellen.

Frage: Brauchen wir dann keine Medizin mehr?

Antwort: Eure Medizin braucht ihr nach wie vor, doch wird die Bedeutung eine ganz andere sein als bisher, denn sie dient in erste Linie nicht mehr der Erkrankung, sondern der Erhaltung der Einheit, der heilen Einheit. Eure Körper sind nach wie vor gewissen Einflüssen ausgesetzt, und dafür braucht ihr auch immer wieder eure Fähigkeiten, medizinische Hilfestellung zu geben. Die wichtigste Aufgabe liegt dann allerdings in der Erhaltung der heilen Einheit und nicht nur in der Heilung der unheilen Einheit.

Heilung der vielen Umstände

Alle Welt wird sich einer klaren Aufgabe verschreiben, und die lautet: Heilung der Umstände, die dazu geführt haben, dass die Erde in die heutige Situation gekommen ist. Die Welt braucht diese Heilung, damit sie sich um die neuen Aufgaben kümmern kann – alles, was bisher geschehen ist, hat tiefe Spuren hinterlassen, und diese Spuren wollen beseitigt werden. Übrig bleiben sollte lediglich die Erfahrung und die aus der Erfahrung gewonnene Weisheit. Alle Menschen unterliegen diesem Prozess der Heilung, und alle werden mit großer Freude darangehen, sich diese Heilung zukommen zu lassen. Alles, was die Menschen bisher in ihrem Leben erfahren haben, hat tiefe Spuren in der Persönlichkeit des Einzelnen hinterlassen – tiefe Spuren, die teilweise zu tiefen Wunden geworden sind. Wunden, die nicht nur körperlich, sondern häufig mental, auf geistiger Ebene schwere Folgen hatten. Dazu gehören alle dramatischen Ereignisse – körperlich wie mental. Viele schmerzhafte Erfahrungen waren dabei, die sich auf das weitere Leben entsprechend ausgewirkt haben. Viel zu oft wurden diese Erfahrungen auch überbewertet, denn der Mensch hat die völlig alltäglichen Dinge zumeist viel zu intensiv wahrgenommen. So war z.B. der Tod eines Menschen immer ein dramatischer Akt, der viel Leid und Schmerz zugefügt hat – der an sich völlig normale Vorgang des Ablebens eines Menschen wurde als katastrophal empfunden, obwohl es immer nur eine Erfahrung war, die jeder Einzelne machen musste. Wenn ihr zurückblickt auf diese Ereignisse, dann werdet ihr feststellen, dass ihr diejenigen vermisst, die von euch gegangen sind, doch ihr glaubet bisher, dass sie für immer verschwunden sind, aus eurem Leben gegangen, und ihr sie nie wieder sehen werdet. Doch die Erkenntnis, dass ihr alle ewig leben werdet, gibt dem Wechsel eines Menschen vom Leben auf der Erde hin zum Leben in Form von Licht einen ganz anderen Stellenwert. Ihr wisst, dass ihr alle zusammengehört und dass ihr alle untrennbar miteinander verbunden seid – all das wisst ihr jetzt, und dadurch könnt ihr so einen Verlust, der ja nur vorübergehend ist und der ja nur den Körper des Betroffenen verändert, nicht aber sein Wesen, besser verkraften. Wenn das alles verstanden ist, dann werden viele dramatische Ereignisse von sich aus ihre Bedeutung verlieren. Dann kann jeder Betroffene erkennen, dass der Verlust eines geliebten Menschen kein Verlust auf Dauer ist und dass dieser Mensch trotz seiner körperlichen Abwesenheit immer ein Teil des Lebens bleiben kann, sofern das die Hinterbliebenen wünschen. Der Kontakt ist immer möglich und sehr häufig wird er auch gewünscht. So wie dieses Buch entstanden ist, so kann auch der Kontakt zu den Verstorbenen wiederhergestellt werden, und sie können euch von ihren Erfahrungen berichten, die sie während und nach diesem Ereignis gemacht haben. All das ist eine große Bereicherung für die Hinterbliebenen, denn sie können dem Phänomen des Todes nun eine andere Bedeutung geben und dadurch eine völlig andere Einstellung dazu einnehmen, die ihnen hilft, alles viel besser zu bewältigen.

Als das menschliche Leben auf der Erde begann, da wurde die Dramatik des Lebens noch nicht so intensiv empfunden – zu Urzeiten war der Tod zwar ebenfalls keine besonders schöne Sache für die Hinterbliebenen, doch waren sie damals ganz anders zu ihm eingestellt und völlig anders auf ihn vorbereitet. Der Tod war früher ein Ritual, das jeder mitmachen musste, denn jeder wusste, dass sein Leben ebenfalls irgendwann enden würde. Diese Erfahrung des Rituals des Todes haben viele schon im Kindesalter machen müssen, und dadurch war das ein ganz normaler Akt, den viele erst im Laufe der Zeit besser verstanden haben. Wenn sich die Menschen früher zu sehr mit dem Drama beschäftigt hätten, dann wären sie wahrscheinlich bald selbst zum Opfer eines wilden Tieres geworden, denn sie wären zu sehr mit sich selbst und dem Verstorbenen beschäftigt gewesen und hätten so zu wenig Aufmerksamkeit auf ihr eigenes Leben gelenkt. Das ist auch heute das Problem, das die Menschheit mit solchen Ereignissen hat – man ist viel zu sehr auf das Ereignis selbst konzentriert, und dadurch bleibt die große, dramatische Komponente in der Psyche des Menschen hängen und verursacht dort die entsprechenden bleibenden Verletzungen. Der Schmerz des Verlustes ist ein wichtiger, doch ist er nicht dazu da, um Wunden zu schaffen, die den Menschen über eine lange Zeit von den anderen Dingen des Lebens abhalten. Der Verlust ist durchaus hart, doch ist er zu einem bestimmten Zweck geschehen, und dieser Zweck und die damit verbundene Erfahrung ist das Wichtigste an diesem Ereignis. Das müsst ihr euch vor Augen führen und euch auf die Suche machen, was es denn für euch in diesem Ereignis alles zu erkennen gibt. Sucht danach und ihr werdet fündig werden. Es mag vielleicht sehr dramatisch scheinen, doch das Leben hat vom ersten Tag an die Komponente seines Endes mit dabei – ihr alle wisst, dass ihr nicht ewig in Form eines menschlichen Körpers existieren werdet, und doch seht ihr das Ende eines Menschenlebens als absolut dramatische Angelegenheit an – seht den Tod als das an, was er in Wahrheit ist – er beendet eine Inkarnation, die dazu da ist, um Erfahrungen zu sammeln. Und die letzte Erfahrung, die ein Mensch während seiner Inkarnation macht, ist der Tod, denn damit sind ebenfalls viele Erkenntnisse verbunden, die die Seele des Menschen dann in die nächste Inkarnation mitnimmt.

Alles, was ihr über den Tod wissen müsst ist der Umstand, dass er lediglich eine Inkarnation beendet. Dazu ist er da und zu sonst gar nichts! Er ist das Ende eines Zeitfensters, das ihr auf der Erde verbringt, und das ist letztlich die einzige Ursache für seine Existenz, denn er beendet das Leben auf der Erde ebenso, wie die Geburt es begonnen hat. So einfach ist der Tod zu sehen, und alles, was ihr darüber hinaus als dramatisch empfindet, das habt ihr selbst hinzugefügt, und alles, was ihr selbst hinzufügt, liegt in eurer eigenen Entscheidung – so könnt ihr alle selbst entscheiden, wie ihr den Tod empfindet. Viele sehen ihn als Erlösung, das würde jedoch voraussetzen, dass das Leben auf der Erde eine Art Strafe ist, und genau das ist es keinesfalls! Ihr seid nicht hier, um eine Strafe zu absolvieren – ihr seid hier, um euer Leben aktiv zu gestalten und einen Entwicklungsprozess zu vollziehen – deshalb seid ihr hier, und wenn ihr euer Leben als Strafe empfindet, dann habt ihr dies selbst verursacht – ihr selbst seid diejenigen, die dafür gesorgt haben, dass dieses Empfinden eintritt. Ihr alle müsst euch bewusst sein, dass das Leben definitiv einem einzigen Zweck dient – und das ist die Sammlung von Erfahrungen und das Erlangen von Weisheit – deshalb seid ihr hier und aus gar keinem anderen Grund. Den Rest habt ihr selbst erschaffen – eure Gedanken sind frei, und diese Freiheit ermöglicht euch so ziemlich alles, und das Ergebnis sind dann die von euch empfundenen Emotionen, die ihr daraus ableitet. Letztlich ist das Ergebnis nur in eurem Kopf entstanden, und das müsst ihr so anerkennen.

Wenn man sich aller Ereignisse erinnern wollte, die im Laufe der Zeit geschehen sind, dann könnte man vor lauter Dramatik keinen klaren Gedanken mehr fassen, denn es gab so vieles, was ihr als dramatisch empfunden habt und das euch so großen Schmerz zugefügt hat. Ihr habt so vieles erlebt, von dem ihr sicher wart, dass es euch niemals widerfahren würde, und doch ist es geschehen. Ihr habt so viele Ereignisse hervorgerufen, die euch zu all den Erfahrungen gebracht haben, die ihr eurem Leben entnehmen könnt. Ihr habt all das erlebt, damit ihr sehen könnt, was es bedeutet, am Leben zu sein und so etwas am eigenen Körper zu erfahren und daraus zu lernen, was ein Schöpfer alles berücksichtigen muss, damit er Leben erschafft, das in seiner ganzen Herrlichkeit erstrahlen kann. Das ist der Grund eures Sammelns von Erfahrungen. Die Liebe ist das höchste Ziel, und nur die Liebe kann auch all die Erfahrungen und all die Verletzungen wieder heilen. Es ist nur die Liebe, die dazu imstande ist, und diese Liebe steckt in jedem von euch! Ihr seid die göttliche Erscheinung, die dazu imstande ist und die alles verzeiht und alles durch die Liebe wieder heilen kann. Ihr seid die Teile von Gott, die dazu auf der Erde sind, um sich genau in dieser Disziplin zu üben. Die Liebe ist die schönste Eigenschaft der Göttlichkeit, und sie ist es, die in allen Belangen ihren Ausdruck finden soll.

Alles, was auf der Erde geschehen ist, braucht seine Heilung, damit es mit der Liebe – der göttlichen Liebe – wieder versöhnt werden kann. Alles braucht diese Heilung, damit nichts davon zurückbleibt, was euch daran hindern könnte, euer Leben nach den höchsten Gesichtspunkten der Göttlichkeit auszurichten, denn dieser Ausdruck der göttlichen Liebe ist eure höchste Bestimmung! Alles, was ihr jetzt noch tun müsst, um die Heilung eurer vergangenen Erlebnisse zu erreichen, ist, die Liebe in euch zuzulassen, damit sie sich ausbreiten und damit sie sich in euren weiteren Handlungen voll entfalten kann. Das ist die wichtigste Lektion, die ihr alle lernen sollt, damit die Welt ihre Heilung bekommt – die Heilung, die ihr zusteht!

Alles, was euch davon abhalten kann, ein Leben zu führen, das in höchstem Maß der Göttlichkeit entspricht, ist die fehlende Heilung der Vergangenheit – ihr braucht diese Heilung, damit ihr dazu imstande seid, eure Vergangenheit für immer ruhen zu lassen. Ihr habt alle zusammen so viele Kriege erlebt, und eure Geschichtsbücher sind voll von Ereignissen, die auf der Göttlichen Liebe aufbauen sollten, dies jedoch nicht getan haben. Warum dies so geschehen ist, haben wir euch bereits mehrfach erläutert, und das ist auch der Grund dafür, dass wir es hier noch einmal tun, denn es kann nicht oft genug gesagt werden – ihr habt all diese Handlungen begangen und all diese Erfahrungen gemacht, damit ihr aus der Summe eurer Erlebnisse die Weisheit zieht, die ihr benötigt, um als vollkommen ausgerüsteter Schöpfer an euer Werk gehen zu können, damit ihr als das in Erscheinung treten könnt, was ihr im Grunde schon immer gewesen seid. Ihr seid Teile von Gott, und ihr seid zusammen der Schöpfer selbst! Das ist die einzige Ursache, warum all dies geschehen ist, und als solche solltet ihr sie akzeptieren und als solche solltet ihr sie heilen! Dazu seid ihr bestimmt – tut dies und eure Zukunft wird eine wunderbare und liebevolle sein. Alles, was jetzt noch fehlt, ist der Umstand, dass all diese Erfahrungen und Ereignisse geheilt sind, dann könnt ihr loslegen mit eurer ureigensten

Aufgabe – der Erschaffung von neuem Leben auf der Erde und im ganzen Universum. Geht hinaus und heilt die Welt, dann habt ihr die besten Voraussetzungen geschaffen, um eurer Bestimmung gerecht zu werden.

In der weiteren Zukunft eurer Erde wird es noch viele verschiedene Ereignisse geben, die man als dramatisch bezeichnen könnte. Ihr werdet dies jedoch nicht mehr so intensiv empfinden, wie ihr es bisher getan habt. Wenn ihr aufgehört habt, den Tod und die Ereignisse an sich als so dramatische Vorkommisse zu beurteilen, dann verliert all das seinen Schrecken und wird zu dem, was es letztlich ist – eine Erfahrung. Ihr werdet auch weiterhin viele Erfahrungen machen können, die euch in eurer Entwicklung weiterbringen – dieser Weg des Werdens wird niemals aufhören, denn ein Schöpfer wird niemals vollkommen sein, und das ist eure Bestimmung – ihr sollt der Vollkommenheit möglichst nahekommen, damit euer Leben letztlich nur einem einzigen Ziel dienen kann – der Erschaffung der Liebe in Form von Leben!

Frage: Ich stimme mit Dir in Bezug auf die Notwendigkeit der Heilung vollkommen überein, doch die Heilung der Umstände wird für viele ein emotional sehr schwieriger oder fast unmöglicher Prozess, denn wie kann z.B. ein Vergewaltigungsopfer oder jemand, der von einem Familienmitglied über Jahre in einem Kellerverlies misshandelt und der Freiheit beraubt wurde, jemals verzeihen und dem Täter liebevoll ins Auge blicken?

Antwort: Wenn ihr euch um die Heilung der Umstände bemüht, dann ist dies sicherlich bei einigen Ereignissen nicht so einfach, doch die Voraussetzung dafür, um die Heilung der Umstände zu erreichen, ist die, dass ihr euch völlig der Liebe öffnet – ihr müsst euch dem Ereignis liebevoll nähern und aufhören, es als ein Ereignis zu betrachten, in dem man euch nur bewusst Schaden zufügen wollte. Euch muss in diesem Moment klar sein, dass ihr die Heilung nur vollbringen könnt, wenn ihr völlig geöffnet auf das Ereignis zugeht und die darin enthaltenen Erkenntnisse völlig frei von Bewertungen noch einmal anschaut. Seht hin und ihr werdet erkennen, dass das Ereignis in diesem Moment zwar für euch ein schreckliches war, doch dass es letztlich nur einem einzigen Zweck gedient hat. Ihr seid in diesem Falle das Opfer gewesen, doch gab es viele andere Ereignisse, in denen ihr als Täter aufgetreten seid, und das mag euch vielleicht nicht so dramatisch vorgekommen sein, da ihr ja „nur der Täter" gewesen seid und das Opfer die Dramatik empfunden hat. Es gehören immer beide Seiten dazu, damit ein Ereignis in seiner Darstellung die Dramatik des Lebens erfährt. Es gehören diese beiden Pole dazu, um die wahre Spannung zu erleben. Wenn ihr es heilen wollt, dann müsst ihr die Pole aufheben, und ihr müsst davon ausgehen, dass es letztlich nur eine Erfahrung war, die Bestandteil eures Entwicklungsprozesses ist. Ihr habt diese Erfahrung gemacht, damit ihr eure Erkenntnisse daraus ziehen könnt. Sicher ist jedoch, dass ihr aufgrund der Opferrolle die Erkenntnis gewonnen habt, dass dies niemandem mehr auf der ganzen Welt geschehen soll – niemand soll diese Erfahrung mehr machen müssen und niemand soll jemals wieder in die Situation kommen, dass er auf die Idee kommt, solch eine Tat zu begehen – das ist die wahrscheinlichste Erkenntnis daraus. Damit ihr dies erreichen könnt, müsst ihr euch der Liebe bewusst werden – der Liebe zu allen Wesen auf der Erde. Und diese Liebe wird Rücksicht nehmen und sie wird dafür sorgen, dass euch gelingt, was ihr erkannt habt, nämlich dass so etwas niemals wieder passiert.

Natürlich seid ihr auch von den Handlungen der anderen Menschen abhängig, doch werden diese im Laufe der Zeit auch ihre Erfahrungen machen und selbst daraufkommen, dass unter dem Gesichtspunkt der Liebe so etwas nicht sein darf. Ihr werdet dies verstehen, wenn ihr das nächste Kapitel gelesen habt, denn darin findet ihr die Erklärung zur Auflösung der Pole.

Frage: Ich habe selbst so wie viele Menschen die Erfahrung gemacht, dass Menschen durch die Verletzungen, die sie im Laufe ihres Lebens erlitten haben, ihr Herz hinter Mauern verbergen, um es zu schützen.

Diese Strategie mag zwar ganz effektiv sein, doch hält es die Menschen davon ab, selbst in ihr Herz vordringen zu können, um aus dem Herzen heraus zu leben. Wir kann man diese Mauern beseitigen, vor allem wenn man von deren Existenz gar keine Kenntnis hat?

Antwort: Diese Frage ist eine besonders wichtige, denn sie beinhaltet letztlich all das, was wir euch in diesem Buch beschreiben möchten. Euer Leben hat sich durch die Ereignisse der Vergangenheit in eine Richtung entwickelt, die ihr so wahrscheinlich nicht geplant hattet. Doch ihr könnt auf dieser Seite jetzt sofort erfahren, wie ihr dieses Problem der verschlossenen Herzen lösen könnt. Ihr könnt jetzt sofort damit beginnen und euch auf euer Herz konzentrieren, es zu öffnen versuchen und euch darauf besinnen, dass ihr ganz nach Innen vordringen möchtet, um von dorther ein neues Leben zu beginnen. Ihr könnt dieses Leben ab sofort aus tiefstem Herzen führen, indem ihr dies einfach nur mit unserer Hilfe auch tatsächlich wollt, denn dann läuft euer Leben in Übereinstimmung mit eurer grundsätzlichen Berufung. Euer Leben wird ab diesem Zeitpunkt ein ganz anderes sein, denn das, was ihr damit erreicht, ist die volle Unterstützung eurer geistigen Führer, die euch dabei behilflich sein werden, dies auch tatsächlich zu können.

Frage: Das klingt ja alles sehr einfach – war's das schon? Ist das Herz dadurch schon vollständig geöffnet?

Antwort: Ja, das war's schon. Wer aus tiefstem Herzen leben möchte, der braucht sich nur dorthin zu begeben und es einfach nur zu tun – wir helfen euch gerne, zu jeder Zeit, wann immer ihr uns braucht!

Frage: Ich wende zur Heilung der Umstände folgende Technik an: Ich visualisiere den Umstand, der zu einer Erfahrung geführt hat, die Heilung erfordert, mit der vollen Absicht, diesen Umstand zu heilen. Ich visualisiere die darin involvierte Person (bei mehreren Personen gehe ich einzeln vor), sammle in meinem Herzen geballte Herzensenergie (Liebe), programmiere einen Strahl der Liebe und der Vergebung mit den Worten: Ich vergebe mir und ich vergebe Dir und bitte den Strahl der Liebe und der Vergebung, alles, was unsere Beziehung jemals belastet hat, in Licht und Liebe zu transformieren. Im Anschluss richte ich diesen Strahl der Liebe und der Vergebung auf diese Person und hülle sie in rosarotes Licht aus meinem Herzen ein und sehe zu bzw. spüre nach, was sich verändert. Bisher hat der Strahl noch bei allen Menschen seine Wirkung getan und das Verhältnis zu dieser Person neutralisiert und alle negativen Emotionen transformiert. Die Beziehung zu dieser Person ist auf diese Weise auf eine völlig neue Basis gestellt worden.

Befürwortest Du diese Vorgehensweise, oder gibt es eine bessere Methode?

Antwort: Diese Technik ist sehr schön und äußerst effektiv, du machst damit alles, was man sich dafür wünschen kann – bitte bleibe bei dieser Technik, denn sie ist wirklich wunderschön!

Frage: In sehr seltenen Fällen wird der Strahl der Liebe und der Vergebung von der Zielperson nicht angenommen oder sie zeigt keine Reaktion. Hat das zu bedeuten, dass diese Person nicht verzeihen will bzw. kann? Der Absender des Strahls empfindet jedoch trotzdem eine sehr positive und transformierende Wirkung – wie ist die Reaktion des Empfängers zu bewerten?

Antwort: Diese Reaktion ist nicht überzubewerten, denn der Adressat des Strahls kann vielleicht gerade in diesem Moment nicht richtig damit umgehen, doch hat das nicht zur Folge, dass die Spannungen zwischen den beiden Menschen bestehen bleiben, sondern es erfolgt auf jeden Fall eine sehr positive Wirkung, über die sich jeder nur freuen kann.

Die Erde heilt sich selbst (2)

Die Welt kann sich selbst helfen, doch wird es nicht ihre Aufgabe sein, sich alleine um ihr Wohlergehen zu kümmern, die Menschen haben diese Aufgabe übernommen und die Erde hilft ihnen dabei, indem sie ihnen die Informationen zukommen lässt, die sie benötigen, um diesen Heilungsprozess durchführen zu können. Das ist die Lösung für alle Probleme, die die Erde auferlegt bekommen hat. Alle Ereignisse, die mit dem Eingriff der Menschen zu tun haben, löst der Mensch auch wieder auf, und eine weitere Heilung ist nicht notwendig, da sich die Erde nicht als solche bedroht gesehen hat – sie sieht lediglich die Auswirkungen des menschlichen Handelns, und das hat ihr zu schaffen gemacht. Diese Auswirkungen heilt die Erde natürlich selbst, denn sie ist die höchste Wächterin über die Natur, und das wird auch immer ihre Aufgabe bleiben – dafür zu sorgen, dass die Natur einen guten Nährboden für ihre Entwicklung bekommt. Das ist die Aufgabe von Mutter Erde, sie dient wieder allen als Basis für ein Leben und ein Sammeln von Erfahrungen.

Wenn sich Menschen der Heilung hingeben, dann haben sie sich eine klare Vorstellung von den Ereignissen der Vergangenheit gemacht – Emotionen daran gebunden und Erkenntnisse daraus gezogen. Wenn sie jetzt die Heilung des ganzen Vorgangs angehen, dann werden sie beginnen, diesen als einzelnes Ereignis zu beleuchten, und sie werden erneut die Erkenntnisse daraus betrachten – eine Betrachtung dessen, was wirklich war – sie werden die damit verbundenen Emotionen genauer betrachten und feststellen, dass der Vorfall unter dem Blickwinkel der Liebe völlig anders verlaufen wäre. Sie erkennen dies und stellen fest, dass es genau dieser Blickwinkel der Liebe gewesen wäre, den sie damals gebraucht hätten.

Jetzt allerdings bietet sich die Gelegenheit, das Ereignis mit etwas Distanz erneut zu betrachten und daraus Schlüsse und Erkenntnisse zu ziehen. Vereint mit dem verinnerlichten Geist der Liebe kann dieses Ereignis letztlich als geheilt angesehen werden, da die Auswirkungen jetzt nicht mehr bewertet werden. Damals hatte der Mensch alles in gut und böse eingeteilt, heute hat er die Möglichkeit, sich im neutralen Spannungsfeld zwischen diesen beiden Polen zu bewegen, und nur hier ist die wahre Liebe zu finden. Gut und böse sind Wertungen, die jeweils einen Gegenpol erfordern – die Liebe hingegen sieht sich als alleinstehendes Wesen und braucht keinen Gegenpol, um in Erscheinung zu treten. Die Liebe ist neutral und steht immer zwischen den Polen – dort ist ihr Platz und dort wird sie immer wieder ihren Platz finden, denn egal, was auch immer auf der Erde geschieht – die Liebe wird in letzter Konsequenz immer die Oberhand behalten, und spätestens dann, wenn die Pole aufgelöst sind, bleibt die Liebe als einzige Tatsache übrig. Die göttliche Liebe steckt in allen Menschen, in allen anderen Lebewesen und in allen lichten Wesen – dort hat sie ihren festen Platz, und sie wird immer dann ihren Ausdruck finden, wenn die Menschen aufhören, ein Ereignis zu bewerten. Immer wenn gut und böse ausgeschaltet werden, kann die Liebe ihren Platz einnehmen und sich voll entfalten. Das ist die große Erkenntnis der dualen Welt!

Wenn die Erde beginnt, sich von den Strapazen der letzten Jahrzehnte zu erholen, dann wird sie dies auf ihre ganz persönliche Art tun, denn es wird ihr nicht darum gehen, den Menschen eine Schuld zuzuweisen und dadurch eine Wertung vorzunehmen, sondern sie wird lediglich alle erforderlichen Maßnahmen ergreifen, um die Zerstörungen wieder instand zu setzen – alle Details, die notwendig sind, um den Prozess einzuleiten, sind sowieso schon immer in der Grundprogrammierung der Natur verankert. Alles wird geheilt, und immer siegt die Liebe über Gut und Böse. Ein Prozess, der an sich ein sehr logischer und natürlicher ist – wann immer eine Verletzung geschieht, starten sofort die Heilungsmechanismen völlig von selbst, auch wenn die Zerstörung weiterhin anhält – dieser

Prozess läuft vollautomatisch in seinem von Natur aus vorgegebenen Tempo ab. Alles heilt sich von selbst, und keiner nimmt eine Bewertung vor – alles läuft vollautomatisch, und alles läuft unter einem einzigen Gesichtspunkt – dem der Liebe, denn sie ist es, die all diese Prozesse von sich aus arbeiten lässt – sie alle arbeiten zum höchsten Wohl aller, das ist das Grundprinzip der Liebe!

Wenn die Welt sich selbst heilen kann, dann kann dies der Mensch ebenso, denn er braucht lediglich die gleichen Prinzipien anzuwenden wie die Mutter Erde und ihre Natur. Er muss sich lediglich darum bemühen, mit dem Bewerten, und vor allem dem Verurteilen aufzuhören – schafft er dies, so kann er alle Ereignisse, die ihm zugestoßen sind, heilen. Gleich wie schmerzhaft und gleich wie verletzend sie waren – alle Ereignisse können geheilt werden, wenn letztendlich die Liebe die Oberhand gewinnen kann. Und dazu ist der Mensch auf die Erde gekommen, um sich darin zu üben. Er hat den Auftrag, sich im Laufe seiner Inkarnationen so weit zu entwickeln, dass er in der Lage ist, die Liebe als das höchste Prinzip der Göttlichkeit in allen Situationen und in allen seinen Gedanken zum Ausdruck zu bringen.

Dieses Grundprinzip muss den Menschen erst wieder in Erinnerung gerufen werden, denn nur dann sind sie in der Lage, all die Verletzungen der anderen einzustellen und sich um das höchste Wohl aller zu bemühen.

Das Grundprinzip der Heilung ist die Liebe – sie ist die grundlegende Essenz, die jeder Heilung zugrunde liegt – sie ist es, die letztlich die Heilung ermöglicht. Das muss auch dem Menschen bewusst werden, dass jede Erkrankung letztlich auf den Mangel an Liebe zurückzuführen ist – alles hat seinen Ursprung in dem Spannungsfeld zwischen gut und böse. Dort liegt der Schlüssel zur vollständigen Heilung aller Erkrankungen. Heilung ist der Ausgleich zwischen den Polen – Heilung verspricht letztlich immer den Ausdruck der Liebe, und das ist die wichtigste Botschaft an alle, die an einer Krankheit leiden – ihr könnt sie heilen, indem ihr die Liebe in den Vordergrund stellt. Dadurch hebt ihr das Spannungsfeld zwischen den Polen auf und macht Platz für die Liebe und damit Platz für die Heilung.

Frage: Was können wir heilen – ich meine damit, was kann jeder für sich an Heilung erreichen, was können wir in der Gruppe an Heilung bewirken, und wo sind die Grenzen des Machbaren?

Antwort: Alles ist machbar – alle Heilung ist möglich! Wenn ihr es wirklich wollt und die Liebe aufbringen könnt, um nur das Allerhöchste für den Betroffenen zu wollen, dann werdet ihr alles heilen können. Nichts und niemand wird jemals von der Heilung ausgeschlossen werden, denn nichts und niemand wird je übrigbleiben dürfen, wenn wir von wahrer Heilung sprechen. Heilung der Umstände ist die eine Seite der Medaille, wo die völlige Liebe zum Ausdruck gebracht wird, um Heilung zu bewirken. Die andere Seite betrifft die Heilung des menschlichen Körpers, die im Prinzip ebenso aufgebaut ist wie die restliche Heilung. Auch hier gibt es die Notwendigkeit, die Pole aufzulösen und die Liebe in den Vordergrund zu bringen. Wenn euch das gelingt, dann ist jede Art der Heilung möglich. Ihr alle könnt es alleine tun oder ihr könnt es zusammen tun, dann ist die Erfahrung eben auf einer anderen Ebene zu finden. Heilt euch selbst, indem ihr die Liebe zu euch selbst aufbringt, die dazu nötig ist. Liebt euch selbst und ihr werdet geheilt werden. Liebt den Menschen, der euch etwas Schlimmes angetan hat, und ihr werdet den Umstand heilen und damit euch selbst. Liebt den Umstand, der euch Leid zugefügt hat, und seid dankbar für die Erfahrung, denn dann wird euch der Umstand kein Leid mehr zufügen können. Seid offen für all das, was euch noch am Herzen liegt, und seid offen für die Liebe, die in euch steckt – bringt sie hervor und freut euch darüber, dass ihr dazu in der Lage seid. Schafft ihr es, so werdet ihr dadurch völlig geheilt sein. Seid geheilt, indem ihr die Liebe in den Vordergrund rückt – seid geheilt, indem ihr das Ereignis als solches anerkennt, und seht die Aufgabe des Ereignisses darin, euch zu Erkenntnissen zu verhelfen. Wenn ihr den Umstand so respektiert, dann habt ihr die Heilung vollbracht. Hört auf zu bewerten und hört auf zu verurteilen – seht nur die Erfahrung in den Umständen und heilt sie mit eurer Liebe.

Wenn sich die Welt wieder um sich selbst kümmern kann

Diese Heilung bewirkt eine grundlegende Wandlung, die dazu führt, dass viele der Ereignisse der vergangenen Zeit eine neue Bedeutung bekommen – sie bedeuten nicht mehr, dass es sich hierbei um Hass oder sonstige negative Gedanken und Gefühle drehte, sondern dass sie dazu dienten, die Menschheit daran zu erinnern, wie das Leben in der Getrenntheit voneinander abgelaufen ist. Ihr wart laufend im Zwiespalt zwischen dem liebevollen Umgang miteinander, der Sehnsucht, füreinander etwas Gutes zu tun, und der niederen Absicht, euch dem anderen gegenüber einen Vorteil zu verschaffen, der auch gerne auf Kosten seiner Gesundheit oder sogar seines Lebens gehen konnte. Diesen Zwiespalt könnt ihr jetzt auflösen, denn euer erweitertes Bewusstsein wird euch sagen, dass ihr alle zusammen eine Einheit bildet und diese Einheit nur aus einem einzigen Grund entstanden ist – damit ihr gemeinsam die Summe eurer Erfahrungen bilden und daraus die schöpferische Tätigkeit ableiten könnt, zu der ihr geboren seid. Die höchste Göttlichkeit ist die Liebe zu allen Wesen, und sie findet in allen Lebewesen ihren Ausdruck. Dazu seid ihr alle zusammen hier.

Wenn die Welt dies vollzogen hat, dann ist sie bereit, für den nächsten großen Schritt – sie entwickelt sich zu einem großartigen schöpferischen Stern, und dieser hat die Aufgabe schon vor langer Zeit übernommen, dafür zu sorgen, dass die Schöpfung ihre Fortsetzung findet. Dazu musste jedoch eine Spielwiese geschaffen werden, damit die einzelnen schöpferischen Wesen, die ihr alle zusammen seid, eine Gelegenheit bekommen, ihre schöpferischen Fähigkeiten zu trainieren und zuvor die Erfahrungen zu machen, die sie benötigen, um ihre Schöpfung nach den höchsten göttlichen Richtlinien zu gestalten. Dies nanntet ihr euer bisheriges Leben – dazu wurdet ihr hierhergeschickt, um die Erfahrungen zu sammeln. Jetzt könnt ihr einen großen Schritt in eurer Entwicklung weitergehen und euch als das fühlen, was ihr immer schon gewesen seid. Ihr könnt das Leben auf eurem Planeten, der dann zum Stern geworden ist, so gestalten, wie es euch gefällt. Ihr könnt so viel Unterschiedliches auf der Erde erschaffen, dass das Leben an Vielfalt nicht mehr zu überbieten ist. Wenn das alles eingeleitet wurde, dann kann sich die Erde um ihre eigene weitere Entwicklung kümmern und ihr steht ihr unterstützend zur Seite. Die Erde ist es, die euch dabei hilft, das Leben in seinen vielfältigen Formen entstehen zu lassen und über den Globus zu verbreiten – dazu ist sie geschaffen worden, und wenn ihr alle zusammen das Leben erschafft, das ihr auf der Erde haben wollt, dann wird es euch auch gelingen, das Leben ins ganze Universum hinauszutragen.

Alles, was ihr bisher auf der Erde erlebt habt, diente, wie gesagt, dem Zweck, die Erfahrungen zu sammeln, die ihr als schöpferisch tätige Wesen benötigt. Diesen Prozess habt ihr sehr intensiv durchlebt, und ihr seid jetzt an dem Punkt angelangt, wo ihr all diese Erfahrungen dazu benutzen könnt, das Leben so prachtvoll, wie es eure Phantasie erlaubt, zu entwickeln. Ihr schreitet sehr schnell darin voran und könnt euch auf die Ergebnisse sehr freuen. Wenn ihr dies vollbracht habt, dann ist die Heilung des Planeten bzw. des Sterns Erde abgeschlossen und ihr habt alle Macht, euch den weiteren Entwicklungen hinzugeben. Doch werden diese nicht mehr dazu dienen, dem Einzelnen einen Vorteil zu verschaffen, sondern sie werden ausschließlich zum höchsten Wohle aller gedacht sein. Das ist der große Unterschied in eurem Bewusstsein – ihr handelt nicht mehr aus Eigennutz, sondern ihr handelt aus dem ureigensten Bedürfnis heraus, für alle nur das Allerbeste zu wollen. Das ist eure ureigenste Bestimmung, und das ist auch der Grund, weshalb ihr eure Krankheiten so einfach überwinden lernt, denn sie werden viel weniger Gründe haben, in Erscheinung zu treten, weil euer Bewusstsein das gar nicht mehr zulässt. Dadurch wird Heilung einen anderen Stellenwert bekommen als bisher, denn einer Heilung bedarf es erst, wenn über längere Zeit die Einheit gestört wurde, und das werdet ihr zu verhindern lernen. Damit ist der wichtigste Teil geschafft – ihr könnt die Ursache für Krankheiten ausschließen, in dem ihr Maßnahmen setzt, die die Einheit aus Körper, Geist und Seele erhalten und dadurch alle auf ihre Kosten kommen und keinen Grund sehen, durch eine Krankheit eine Korrektur vorzunehmen. Ihr werdet sehr gesund ein Dasein führen, das von ganz anderen Werten geprägt ist, als ihr es von eurer jetzigen Gesellschaft kennt. Ihr seid dann alle auf ein ganz anderes Ziel fixiert als auf euren persönlichen Vorteil – es geht um das höchste Wohlergehen aller!

Alles, was zählt

„Alles, was zählt", ist ein Titel für ein Kapitel, der erahnen lässt, dass ich mich möglichst bald auf die wesentliche Kernaussage dieses Buches konzentrieren möchte. Wenn ich euch mitteile, dass alles, was zählt, nur die Tatsache ist, dass ihr alle zusammen eine Einheit seid, die zu allem fähig ist, dann ist damit das meiste bereits gesagt. Wenn ich euch aber darauf hinweise, dass es sich um die wichtigste Kernaussage handelt, dann könnt ihr gewiss sein, dass es noch einer weiteren Komponente bedarf, um den Prozess der Heilung vollständig zu verstehen.

Ihr seid alle Wesen, die von Gott abstammen, und dadurch seid ihr alle zu einer Einheit versponnen. Ihr besteht aus einem dichten Netzwerk aus Gedanken, und dieses Netzwerk beinhaltet eure gesamte Einstellung zu euch und zu eurem Leben auf der Erde. Dieses Netzwerk ist von großer Bedeutung, denn es beinhaltet eure schöpferischen Gedanken, die all das hervorbringen, was ihr aktuell auf der Erde vorfindet. Ihr habt das sicherlich schon einmal gelesen, dass eure Gedanken so sehr mächtig sind und dass ihr damit so unsagbar viele Dinge anstellen könnt! Ihr seid drauf und dran, dieses Netzwerk zu verändern. Das geschieht durch die generelle Veränderung eures Bewusstseins. Ihr selbst formt das Netzwerk aus Gedanken völlig um, und dadurch werdet ihr auch ganz andere Ergebnisse erzielen, als ihr es bisher getan habt. Ihr weicht die Dramatik eures Lebens stark auf, und ihr sorgt dafür, dass die Welt eine völlig neue Ausrichtung bekommt. Ihr seid drauf und dran, das schöpferische Netzwerk völlig neu zu programmieren und darin viele Details einzuflechten, die euch Ergebnisse der höchsten Göttlichkeit ermöglichen. Dieses Netzwerk ist prinzipiell so sehr in sich verwoben, dass sich daraus ein starkes Gebilde geformt hat, das etwas Zeit braucht, bis all die negative Energie, die derzeit noch darin vorhanden ist, entweichen kann. Das wird geschehen, denn ihr seid kurz davor, Bewusstsein zu erlangen, das ihr für eure schöpferische Tätigkeit benötigt. Schafft diesen Umstieg in eure schöpferische Aufgabe und ihr werdet ein völlig neu gesponnenes Netzwerk haben, das euch dazu verhilft, eure Schöpferkraft zum Ausdruck zu bringen, und zwar in der Form, wie es die höchste Göttlichkeit vorsieht.

„Alles, was zählt", ist ein Titel, der euch alleine schon die Bedeutung des Denkens vor Augen führen sollte, denn eure Gedanken werden immer mächtiger, und ihr müsst lernen, sie zu zügeln und ihnen eine gewisse Hygiene aufzuerlegen, damit die Ergebnisse eures Denkens auch in reinem Zustand in Erscheinung treten können. Denkt euch die Welt so, wie ihr sie haben wollt, und sie wird genau so in Erscheinung treten. Denkt euch euer Leben so, wie es sein soll, und ihr werdet alle glücklich und zufrieden sein. Denken ist die wichtigste Aufgabe als Schöpfer, wenn man die entsprechenden Ergebnisse erzielen möchte. Denken ist das Wichtigste überhaupt, was ein Schöpfer tun kann! Alles, was zählt, sind eure Gedanken und die Reinheit dieser Gedanken. Je klarer ihr alle ein Bild von eurer künftigen Welt habt, desto klarer wird auch das Ergebnis sein, das ihr zusammen erzielen könnt. Macht euch ein klares Bild von eurer Zukunft und ihr werdet genau diese Zukunft bekommen. So ist es schon immer gewesen. Wenn ihr geglaubt habt, dass ihr um euer Glück und um euer Wohlergehen kämpfen müsst, dann musstet ihr dies auch tun, wenn ihr geglaubt habt, dass ihr, um zu überleben, andere übervorteilen müsst, dann musstet ihr dies tun, und wenn ihr geglaubt habt, dass ihr zum Überleben jemanden besiegen müsst, dann musstet ihr dies tun. Wenn ihr jedoch glaubt, dass ihr zum Überleben gar nichts benötigt als das Vertrauen in eure gemeinsame schöpferische Kraft, dann werdet ihr genau das als Ergebnis erzielen. Ihr müsst glauben, dass ihr alle zusammengehört und dass ihr euch alle zusammen selbst versorgen könnt und einen Weg findet, wie ihr euch alle zusammen organisiert, damit niemand auf der Erde Hunger leiden muss, damit jeder die Versorgung nicht nur mit Lebensmitteln erhält, die er braucht, sondern auch einen wunderbaren Lebensinhalt, dann wird das so sein. Sorgt dafür, dass ihr alle zusammen das Gleiche denkt, denn dann werdet ihr auch ein einheitliches Ergebnis erzielen. Jeder, der glaubt, dass er viel arbeiten muss, um seinen Lebensunterhalt zu bestreiten, der wird dies auch tun müssen. Jeder, der glaubt, dass er mit wenig Arbeit auskommt, um sein Leben zu gestalten, der wird auch nur wenig dafür tun müssen. Das Einzige, was zählt, ist eure Einstellung und euer Glaube daran, was euch bestimmt ist. Ihr könnt euer Leben ändern, auch wenn diese Änderung etwas Zeit in Anspruch nehmen wird. Ihr könnt es tun, doch müsst ihr in eure Gedanken eine Hygiene hineinbringen, die erstens die höchste Göttlichkeit zum Ausdruck bringt und zweitens dafür sorgt, dass die Gedanken nur das beinhalten, was ihr auch tatsächlich als Ergebnis haben möchtet. Habt ihr Gedanken wie Habgier oder Misstrauen mit dabei, dann werdet ihr auch solche Ereignisse geliefert bekommen. Seid ihr hingegen auf ein liebevolles Miteinander aus, das so aufgebaut ist, dass jeder dem anderen hilft, sein Leben zu bestreiten, und ihr alle zusammen darauf aus seid, ein schönes Miteinander zu haben, das von allen Annehmlichkeiten begleitet ist, die ihr euch wünscht, dann werdet ihr auch genau dieses Ergebnis erhalten.

Das ist das einzig Wahre eures Daseins – ihr erzielt die Ergebnisse, die ihr euch erdenkt. So unwahrscheinlich euch dies auch erscheinen mag, genau so unwahrscheinlich wird es dann auch sein. Wenn ihr hingegen das Vertrauen in euch selbst und in eure schöpferische Macht habt, dann werdet ihr sie auch öfter gezielt einsetzen und dadurch den Sprung von der fremdbestimmten Welt in eine Welt, die ihr selbst aktiv gestalten könnt, schaffen. Derzeit lebt ihr alle sehr fremdbestimmt, denn ihr unterwerft euch den Regierungen eurer Länder, den Arbeitgebern, die genau bestimmen, was ihr wann zu tun habt und was ihr dafür bekommt. Ihr unterwerft euch euren Familien, die bestimmen, was ihr zu lernen habt und was ihr für Berufe ergreifen sollt. Ihr seid vielen anderen Aspekten eurer

Gesellschaft unterworfen und müsst im Rahmen dieser Möglichkeiten, die euch so sehr einschränken, das kleine Stückchen Selbstbestimmung herausarbeiten, das euch zu einem Menschen werden lässt. All das könnt ihr ablegen, indem ihr euch gedanklich davon befreit. Das ist die große Herausforderung, vor der ihr steht. Das bedeutet zwar, dass ihr euch nicht mehr im sicheren Schoß dieser Einschränkungen befindet, sondern ganz alleine da draußen steht und euch der Wind um die Ohren pfeift. Das bedeutet es, doch es bedeutet auch, dass ihr völlig frei seid, das zu tun, was ihr euch selbst mit euren Gedanken erschafft. Ihr seid dann völlig frei und unabhängig – keiner wird euch je wieder einschränken können – wenn doch, dann seid ihr es selbst, die sich einschränken.

Wenn die Welt aufhört, sich zu blamieren

„Wenn die Welt aufhört, sich zu blamieren", ist ein strenger Titel für ein Kapitel, der einer Erklärung bedarf. Die Welt ist heute an einem Punkt ihrer Entwicklung angelangt, wo es nun darum geht, dass die Menschen ihren nächsten Schritt in der Entwicklung vollziehen sollen. Dieser Schritt ist ein Meilenstein, denn in so einer Größe werden Entwicklungsschritte nur selten gemacht. Der Umstand, dass dies nun passiert, löst viele Probleme, die die Menschheit seit geraumer Zeit mit sich herumträgt. Die Welt hat jetzt die Möglichkeit, all ihre Probleme im Bereich der Finanzen, im Bereich der Umwelt und innerhalb der Gesellschaft zu lösen. Wenn all das getan ist, dann ist die Menschheit frei von ihren Lastern, die sie sich selbst auferlegt hat. Sie wird aufatmen können und dadurch sehr viel mehr Raum schaffen für die wirklich wesentlichen Dinge des Lebens.

Alles, was in Zukunft zählt, ist die Erkenntnis der Menschen, dass sie nicht deshalb auf die Welt gekommen sind, um sich dem Sammeln von Reichtum hinzugeben, sondern dass es da viel mehr gibt, was sehr viel wichtiger ist und den Menschen als Wesen von göttlicher Abstammung erst ausmacht. Von der Blamage, von der im Titel die Rede ist, kann deshalb gesprochen werden, weil sich der Mensch so viele Jahre geweigert hat, anzuerkennen, dass er selbst es war, der all das erschaffen hat. Wenn wir nun davon sprechen, dass die Blamage ein Ende hat, dann deshalb, weil der Mensch erkennt, dass er der wahre Schöpfer ist und dass er deshalb auf die Erde gekommen ist, um sein Werk fortzusetzen. Diese Weiterentwicklung erfährt jetzt einen ganz besonderen Anstoß, denn der Mensch erkennt seine schöpferische Macht, er steigt auf in die nächst höhere Dimension, was ihn dazu befähigt, genau das zu tun. Alles bisher war lediglich die Voraussetzung für das Erlangen der nötigen Weisheit, die der Mensch benötigt, um sein schöpferisches Werk wieder in Angriff zu nehmen. Erst wenn er das getan hat, erst dann beendet er seine blamable Zeit auf Erden, die ihn lediglich zu dem gemacht hat, was man ein Wesen mit hoher Intelligenz nennen könnte, das jedoch noch nicht die Möglichkeit gefunden hat, diese Intelligenz dafür einzusetzen, wofür sie bestimmt ist.

Auch wenn wir nicht davon ausgehen können, dass die Menschen diesen Aufstieg selbst als großen Entwicklungsschritt erkennen können, so ist er doch ein großer Meilenstein in der menschlichen Entwicklung. Wir haben euch diese Erfahrungen so machen lassen, damit ihr selbst an den Punkt gelangt, wo ihr erkennen könnt, dass ihr die Blamage selbst verursacht habt. Ihr habt euch vor euch selbst blamiert, und das aus einem ganz bestimmten Grund – ihr wolltet es so haben, weil die Erkenntnis, dass ihr euch selbst blamiert habt, ein so entscheidender Moment ist, der euch wieder zurück zum Wesentlichen bringt. Ihr blamiert euch vor euch selbst, damit ihr erkennen könnt, dass ihr jetzt an dem Punkt angelangt seid, wo ihr genau diesen Schritt nach oben machen müsst, um euch dem zu widmen, wozu ihr auf die Erde gekommen seid. Es ist also keine klassische Blamage vor einem größeren Teil einer Gesellschaft, sondern ihr alle habt euch vor euch selbst blamiert, und das ist gut so, denn ihr könnt euch jetzt an all die Gründe erinnern, die dazu geführt haben, dass ihr an diesen blamablen Punkt gekommen seid. Das ist der Schlüssel zur Erkenntnis – diesen Punkt brauchtet ihr unbedingt, denn so etwas nennt man einen Meilenstein in der Selbsterkenntnis. Diesen Punkt erreicht ihr gerade jetzt in dieser Zeit, und das ist ein wunderbarer Eckpunkt eurer Entwicklung und ein Grund zum Feiern. Der Aufstieg in die nächste Dimension ist ein wunderbarer Grund, alles für eine kurze Zeit stehen und liegen zu lassen und sich der Freude über die Erkenntnis hinzugeben und das alles gebührend zu feiern.

Alles, was ihr jetzt noch tun müsst, ist, euch darauf vorzubereiten, denn ohne Vorbereitung werdet ihr diesen Aufstieg nicht als solchen empfinden, sondern es wird euch eine große Belastung sein und euch aus eurem gewohnten Rahmen herausreißen, und das könnte euch für eine gewisse Zeit gar nicht gefallen. Je besser ihr auf diese Ereignisse vorbereitet seid, umso besser könnt ihr auch damit umgehen, dass eure gewohnten Schranken plötzlich aufbrechen und euch eine Freiheit schenken, die ihr in der Form noch gar nicht kennt. Ihr werdet so überrascht sein, dass es so viele Möglichkeiten gibt, dass sie euch unter Umständen vielleicht sogar kurzfristig ängstigen könnten. Darum ermahnen wir euch jetzt schon, euch mit dem Gedanken zu beschäftigen, dass ihr alle frei seid – frei, all das zu tun, wozu ihr gerade Lust habt und wonach euch im Augenblick ist. Ihr habt diese Freiheit im Kopf zu realisieren, denn da sitzt euer schöpferisches Zentrum. Erdenkt euch die Freiheit und sie wird Realität werden. Je früher ihr damit anfangt, desto früher wird sie euch zur Verfügung stehen. Die Freiheit der Gedanken kann euch ohnedies niemand nehmen – ihr müsst sie nur noch zulassen, dann könnt ihr so richtig frei losleben, wie es euch gefällt. Ihr erlangt die Freiheit nur durch eure Gedanken, und dann habt ihr alles, was ihr auf der Erde benötigt, um ein glückliches Leben zu führen. Es wird eine wunderbare Zeit, wenn ihr erkennen könnt, dass die einzelnen Schritte, die euch noch fehlen, um eine neue Gesellschaft aufzubauen, auf euch zukommen werden, und jeden einzelnen Schritt werdet ihr wohlwollend erkennen und ihn unterstützen. Das ist eure Aufgabe, zu erkennen, welche Schritte auf euch zukommen und diese als Entwicklungsschritte zu erkennen und alle weiteren Ereignisse als solche zu begrüßen und zu erkennen, dass sie ein weiterer Schritt in die Freiheit sind. Alles, was in Kürze auf euch zukommen wird, wird vielleicht etwas dramatisch aussehen und vielen Menschen noch Leid zufügen, doch es sind Ereignisse, die dazu gedacht sind, den Menschen, die den Aufstieg mitmachen, vor Augen zu führen, dass sie jetzt in der Lage sein müssen, aus den Ereignissen die richtigen Schlüsse zu ziehen, die sie vorbereiten auf die große, weite Welt der schöpferischen Freiheit. Alle, die das erkennen können, werden frei sein – alle anderen werden sich nach wie vor selbst stark einschränken und die Ereignisse der nächsten Zeit nicht als das erkennen können, was sie sind.

Wenn ihr jedoch die Freiheit in euren Köpfen zurechtgerückt und erkannt habt, dass es jetzt in die Freiheit geht und ihr von euren Einschränkungen befreit werdet, dann könnt ihr alles andere aufgeben, was euch daran gehindert hat, die göttliche Liebe in euch zum Ausdruck zu bringen. Wenn dies geschafft ist, dann habt ihr die wichtigste Voraussetzung erfüllt, und genau dafür lest ihr dieses Buch, um die Erkenntnis in euren Köpfen zu wecken, dass ihr dazu auserkoren seid, die Freiheit des Schöpfers zum Ausdruck zu bringen. Ihr seid auf diese Erde gekommen, um als Schöpfer tätig zu sein, und nun fordern wir euch auf, dies auch wirklich in Angriff zu nehmen – ihr seid diejenigen, die deshalb hier sind! Alles Weitere ergibt sich dann von selbst, wenn ihr herausgefunden habt, wer ihr wirklich seid. Alles andere wird sich von selbst auflösen, wenn es darum geht, der Welt zu zeigen, wer hier der wahre Schöpfer ist. Ihr habt es in der Hand, den Zeitpunkt des Übergangs als solchen zu empfinden oder euch davor zu fürchten. Ihr habt es in der Hand, der Welt eine Zukunft zu zeigen, die sehr erstrebenswert ist, oder ihr eine angstvolle Zukunft zu projizieren, je nachdem wie ihr eure Gedanken auf das Thema lenkt. Seid geöffnet für die Ereignisse, dann werden sie euch zu erkennen geben, was gerade im Augenblick auf der Erde passiert, oder seid voll Sorge und Verbitterung, dann werdet ihr den Übergang als kurzzeitig furchtbares Ereignis empfinden. Je klarer ihr in euren Köpfen seid und je bewusster ihr die Ereignisse anerkennt, desto leichter werdet ihr sie in die richtigen Kategorien eures Verständnisses einordnen und die geforderten Erkenntnisse daraus ziehen. Das ist die Aufgabe der aktuellen Zeit, und ich weiß, dass ihr sie meistern werdet, denn ihr seid dazu auserkoren worden, und je mehr ihr euch damit beschäftigt, umso mehr wird es euch Freude bereiten, zu sehen, wie die alten Systeme auseinanderfallen und wie sehr Platz für das Neue geschaffen wird, wenn die Menschheit zum Schöpfer erwacht.

Aufhören mit etwas ist ein schwieriger Prozess, denn wann immer ihr gefordert seid, etwas zu lassen, das zur Gewohnheit geworden ist, könnt ihr sehr schwer davon abgehen. In diesem Falle geht es nicht um irgendeine Gewohnheit, die mit der Ernährung zu tun hat und die dafür gesorgt hat, dass ihr ein paar Pfunde mehr auf den Rippen habt, sondern in diesem Falle geht es darum, dass ihr aufhört, zu glauben, dass die Einschränkungen, die euch auferlegt sind, unüberwindbar seien. Ihr müsst sie überwinden, damit ihr in der Lage seid, die Freiheit zu erkennen. Diese Freiheit ist es, um die es sich dreht, wenn wir von der 5. Dimension sprechen. Es die die Dimension der Freiheit eurer Gedanken und Handlungen – ihr seid dann völlig frei mit allem, was euch in den Sinn kommt. Genau dafür habt ihr die vielen Erfahrungen gesammelt und genau dafür habt ihr die Ereignisse als das erkannt, was sie sein sollten – eine Möglichkeit zur Erkenntnis von allem, was ihr braucht, um die Weisheit des Schöpfers zu erlangen. Dazu seid ihr hier!

Alles, was ihr jetzt noch tun müsst, um für den Aufstieg gerüstet zu sein, ist, die Freiheit eurer Gedanken zu akzeptieren und ihnen freien Lauf zu lassen, damit sie das kreieren können, was ihr euch als eure Zukunft vorstellt. Sie sind der Motor eurer Entwicklung, und diesen Motor müsst ihr auf Touren bringen, damit er die Leistung aufbringen kann, die euch die Zukunft herbeibringt. Wenn ihr das geschafft habt, dann ist der halbe Weg bereits geschafft, und es ist nicht mehr weit zu dem entscheidenden Punkt, wo der Übergang stattfindet. Es ist ein Moment der Überraschung, denn ihr werdet völlig überrascht werden an dem Tag, wo ihr den Eintritt in die nächste Dimension eures Bewusstseins absolviert. Es ist ein Tag wie jeder andere auch, doch hat er eine Besonderheit für euch vorbereitet: Er wird euch in die nächste Dimension emporheben und euch die Angst völlig vergessen lassen. Stattdessen werdet ihr euch als liebevolle Wesen empfinden, die sich selbst als das erkennen, was sie an sich schon immer gewesen sind, doch wird die Ausdruckform eures wahren Ichs erst dann voll zur Geltung kommen. Ihr werdet überrascht sein, wie gut sich das anfühlt, wenn man nicht mehr von

Einschränkungen gezwungen ist, Dinge zu tun, die man aus tiefstem Herzen gar nicht tun möchte. Das ist die große Erkenntnis, auf die ihr zusteuert. Dieser Tag wird an sich nicht viel anders sein als die Tage zuvor, doch werdet ihr aus dem Chaos erwachen und feststellen, dass die Welt eine andere geworden ist, und zwar deshalb, weil die Menschen ihre Ängste abgelegt haben und sich auf etwas ganz anderes besinnen können als auf die Ausübung von Macht, die Gier und das Anhäufen von Eigentum.

Frage: Aus welchem Chaos werden wir erwachen?

Antwort: Das Chaos, das auf der Erde herrschen wird, ist unsagbar groß, denn im Vorfeld werden alle Systeme, die von Menschenhand geschaffen wurden, zusammenbrechen. Alles fährt einen Stillstand, und genau dieser Stillstand ist immer die beste Voraussetzung für einen Neubeginn. Ihr könnt diesen Stillstand mit keinem bisher dagewesenen Zusammenbruch vergleichen, denn er wird noch viel größer sein. Alle Systeme werden stillstehen, alles wird von einer völligen Lähmung begleitet sein, denn die Ereignisse, die auf euch zukommen, werden dafür sorgen, dass die alten Systeme nicht mehr funktionieren. Ihr alle werdet Teil dieses Umbruchs sein, denn ihr alle werdet daran teilnehmen, damit dieser Umbruch so abläuft.

Frage: Warum ist der Übergang für die nicht vorbereiteten Menschen ein furchtbares Ereignis?

Antwort: Es wird vielen Menschen Angst machen, wenn sie nicht wissen, warum all das auf der Erde geschieht – sie werden keine Kenntnis haben, was in Kürze alles neu sein wird, und dadurch werden sie sich davor fürchten. Je früher ihr alle davon Kenntnis erlangt, desto einfacher wird es für euch, die Ereignisse zu verstehen. Je mehr Verständnis dafür aufgebracht werden kann, desto eher werdet ihr in der Lage sein, die Ereignisse und die Umstände zu unterstützen. Wie bereits erwähnt, seid ihr alle Teil dieses Umbruchs und dieses Stillstands eurer Systeme, und wenn ihr ihn selbst herbeigeführt habt, dann braucht ihr euch auch nicht vor den Auswirkungen zu fürchten.

Frage: Warum ist es notwendig, dass in der nächsten Zeit noch so vielen Menschen Leid zugefügt wird?

Antwort: Ihr habt in der nächsten Zeit mit verschiedenen Ereignissen zu kämpfen, die auf der Erde eine Bereinigung aller Energien vornehmen – es wird viel negative Energie aufbrechen und sich entladen. Die Form ihrer Erscheinung wird unterschiedlich sein, und es werden alle Völker dieser Erde davon betroffen sein – keine Ausnahmen wird es geben, denn die negative Energie ist überall gleichmäßig verteilt. Ihr selbst habt sie produziert und ihr selbst werdet jetzt mit ihren Auswirkungen konfrontiert. Diese Energie bricht in Form von Naturereignissen hervor und wird euch alle zusammen in Atem halten, denn es werden voraussichtlich viele Menschen eine leidvolle Erfahrung mit diesen Energien machen, und das wird ihnen natürlich nicht gefallen. Dies muss jedoch so sein, denn die Energie will sich schon seit geraumer Zeit entladen, damit die Bereinigung im energetischen Bereich in der Erde möglich wird. Ihr habt diese Energie mit euren Gedanken produziert, und nachdem sich jeder Gedanke in der Realität manifestieren möchte, wird dies nun sehr massiv geschehen. Alle bisherigen Ereignisse werden dadurch in den Schatten gestellt und das Leben auf der Erde wird sich dadurch grundlegend verändern. Ihr seid gewarnt davor, denn seit längerer Zeit geben wir euch diese Informationen durch, und darum solltet ihr nicht überrascht sein, wenn es nun tatsächlich geschieht. Ihr werdet natürlich nicht unmittelbar so sehr davon betroffen sein, dass ihr euch um eure Existenz Sorgen müsst, sondern es wird lediglich ein Teil eurer Population davon betroffen sein, und es werden all jene Menschen von der Erde gehen, die den Aufstieg in die nächste Dimension der Entwicklung eures Bewusstseins nicht mitmachen möchten. Wir haben euch dies bereits mehrfach mitgeteilt,

dass es viele Seelen gibt, die nicht bereit sind, den Aufstieg mitzu-
machen, und deshalb werden sie die Erde vorher verlassen. Die Ereignisse werden als Gelegenheit dazu erkennbar sein, und alle jene,
die wissen, was gerade geschieht, werden diese Ereignisse als solche
einordnen können.

Wenn ihr aufhört, damit aufzuhören

Alles, was ihr bislang versucht habt, war, euch ein Leben zu gestalten, das auf den Säulen Geld, Macht und Eigentum aufgebaut sein sollte. Ihr habt euch mit nichts anderem beschäftigt als möglichst viel Einfluss zu gewinnen, damit ihr über diesen Einfluss zu möglichst viel Geld kommt und mit diesem Geld entsprechend viele Besitztümer anschaffen könnt, die möglichst von bleibendem Wert sein sollten. Mit eurem Geld habt ihr dann versucht, der Welt euren Willen aufzuzwingen, denn Geld ist Macht, und ihr habt die Macht benutzt, um noch mehr Geld und noch mehr Macht für euch zu erlangen. Das habt ihr andauernd gemacht und ihr seid nicht müde geworden, dies zu tun. Die Frage ist jedoch, wozu? Ihr habt geglaubt, dass ihr euch auf diese Weise ein viel ruhigeres und angenehmeres Leben schaffen könnt, indem ihr euch gegenüber den anderen einen Vorteil verschafft, sie mit eurer Macht klein haltet und darüber hinaus zeigen könnt, wie gut und erfolgreich ihr im Leben seid. Die anderen, die das nicht geschafft haben, habt ihr damit erniedrigt und ihnen vor Augen geführt, wie minderwertig sie sind. Ihr habt sie für eure Zwecke benutzt, ihnen Arbeit gegeben und sie mit dem unbedingt Nötigen abgespeist, sie dadurch klein gehalten und wiederum über ihre Arbeit mehr Macht und mehr Geld erhalten. Doch die Frage des Wozu ist noch immer nicht beantwortet. Ihr wolltet damit eure Existenz sichern und den Komfort, den ihr von eurem Leben erwartet. Das war eure grundlegendste Motivation, das war genau der Grund, warum ihr es getan habt. Letztlich habt ihr es aus Angst getan – aus Angst davor, euer Leben zu verlieren, euren Status in der Gesellschaft zu verlieren und eure zukünftigen Chancen zu gefährden. Ihr habt aus niederen Bedürfnissen heraus gehandelt, ihr wolltet eure Macht nur deshalb erreichen, damit ihr sie über andere ausüben könnt.

Diese Macht hat sich jedoch sehr bald erledigt, denn sie wird nicht länger gebraucht, denn ihr werdet die Macht auf alle aufteilen und dadurch sehr viel besser euer Ziel erreichen.

Alles, was ihr in Zukunft braucht, ist eine grundlegend andere Strategie. Die Strategie heißt Kooperation – eine Kooperation auf gleichgestellter Basis. Das Zweite, das ihr künftig benötigt, ist Vertrauen – Vertrauen darauf, dass die anderen Menschen genau das gleiche Ziel wie ihr verfolgen und dass dadurch eine Entwicklung möglich wird, die euch als kooperative Wesen etabliert. Wesen, die darauf bauen, dass die anderen ihrer Gemeinschaft genau die gleichen Ziele verfolgen und keiner darauf aus ist, den anderen zu übervorteilen. Das ist die Basis eurer künftigen Welt – sie bedeutet Kooperation und Gleichberechtigung. Wenn ihr das alles beherzigt, dann könnt ihr nur eines erreichen – Genialität! Denn alle zusammen können sehr viel mehr erreichen als ein Einzelner, und dieses Grundprinzip muss euch ebenfalls bewusst werden. Ihr seid dazu in der Lage, gemeinsam solch weitreichende Dinge zu vollbringen, die ihr niemals alleine hättet schaffen können. Eure Gesellschaft ist voller kluger Köpfe, die zu unglaublich vielen Dingen fähig sind, und ihr alle zusammen werdet sehr viel mehr erreichen als ein einzelner kluger Kopf alleine. Bündelt eure Möglichkeiten – bündelt eure Energie – bündelt eure schöpferische Kraft –, und ihr werdet unglaublich viel erreichen können. Bündelt all das, was euch wichtig ist, und es wird sehr viel schneller zum Ergebnis führen, als ihr es euch vorstellen könnt.

Alles, was ihr jetzt noch braucht, findet ihr in der Kooperation, denn wann immer ihr darauf vertraut, dass die anderen euch helfen, dann wird dies auch geschehen, und zwar in einem Ausmaß, das ihr bislang für unmöglich gehalten habt. Eine Kooperation baut dann auf guten Voraussetzungen auf, wenn das angestrebte Ergebnis allen in gleichem Maße zugutekommt. Das ist das Grundprinzip der Zukunft – ihr werdet alle zusammen daran arbeiten, nicht nur für euch selbst, sondern für die gesamte Gemeinschaft Dinge zu entwickeln, die euch allen im gleichen Ausmaß dienlich sind. Das können Produkte, Maschinen, Werkzeuge oder Lebensmittel sein – ihr werdet alles schaffen können, doch werdet ihr dazu noch eine weitere Unterstützung erhalten. Die Kraft der Mutter Erde wird euch dabei zur Seite stehen, und alles wird noch viel intensiver werden, wenn euch diese Urkraft der Erde bei den Bemühungen behilflich ist. Sie ist es, die dazu auserkoren wurde, euch bei euren Bestrebungen behilflich zu sein – sie ist es, die dazu da ist, euch zu helfen, damit ihr eurem Entwicklungsweg folgen könnt. Bisher war sie lediglich dazu da, um euch eine Heimat zu geben – euch einen Lebensraum zu bieten, in dem ihr alle überleben könnt. Ihr habt diesen Lebensraum massiv gefährdet, und deshalb werdet ihr auch wieder dafür sorgen, dass die Mutter Erde die Heilung bekommt, die sie verdient. Danach wird sie euch wieder voll und ganz unterstützen, auch wenn ihre Unterstützung dann etwas anders geartet sein wird, als ihr es bisher gewöhnt wart.

Alles, was ihr jetzt noch tun müsst, ist, die Erde um ihre Unterstützung zu bitten, denn dann wird sie euch umgehend zu Hilfe kommen. Ihr braucht sie lediglich anzurufen und um ihre Unterstützung für euer Projekt zu bitten, und schon verfügt ihr über die nötige Energie, um euer Projekt voranzutreiben. Alles wird möglich sein, und die unsagbar großartige Energie, die auf der Erde zur Verfügung steht, wird euch dazu animieren, die Erde und das ganze Universum in positivem Sinne zu beeinflussen. Alles wird möglich sein, und alles wird mit sehr viel weniger Aufwand erledigt, als ihr es je für möglich gehalten habt. Ihr seid zu allem in der Lage, wenn ihr darauf vertraut, dass durch Kooperation und Gleichberechtigung alles erreichbar ist. Das sind die Grundsäulen eures künftigen Handelns, und deshalb möchten wir euch hier an dieser Stelle daran erinnern, dass dieses Prinzip schon immer funktioniert hat, auch wenn es euch manchmal nicht so schien. Der Grund dafür lag darin, dass der Nutznießer des Projekts zumeist ein Einzelner war und in letzter Konsequenz niemals eine Gleichberechtigung vorhanden und ein gemeinsamer Nutzen zu erkennen war. Ihr habt immer wieder versucht, dieses Prinzip zu leben, doch ist es euch niemals geglückt. Jetzt könnt ihr wieder einen neuen Versuch starten, doch wird es diesmal erfolgreich sein, weil die Voraussetzungen dafür geschaffen werden, die es unbedingt benötigt, um all das zu erreichen. Ihr könnt endlich aufhören mit dem Suchen nach Möglichkeiten, die euch mehr Macht und mehr Geld einbringen – ihr könnt damit aufhören, denn ihr wusstet schon immer, dass dies nicht wirklich erstrebenswert ist, und habt deshalb auch immer wieder versucht, damit aufzuhören. Es ist euch nicht gelungen, da die Voraussetzungen dafür nicht geschaffen waren, doch dies ändert sich jetzt. Ihr habt völlig neue Voraussetzungen, die ihr jetzt vorfindet, und ihr könnt damit aufhören, damit aufzuhören, denn diesmal wird es möglich sein – ein Leben zu führen, das von Gleichberechtigung, von Kooperation und von gegenseitigem vollkommenem Vertrauen gekennzeichnet ist.

Frage: Eine wunderbare Vorausschau auf unser neues Leben in der 5. Dimension! Die letzten Kapitel sind sehr aufschlussreich und machen Vorfreude auf all das, was auf uns zukommt – eine herrliche Ergänzung zu den anderen beiden Büchern – danke dafür, denn der Kreis beginnt sich zu schließen! Mich überrascht jedoch, dass wir in diesem Buch, das den Titel „Die Heilung die dir zusteht" trägt, so viele Informationen über gesellschaftliche Themen erhalten – warum ist das so?

Antwort: Wenn ihr darauf eingeht und euch die Zustände in eurer Gesellschaft anseht, dann erkennt ihr in allen Bereichen Disharmonien zu eurem grundlegenden Lebensprinzip. Der Mensch ist ein Wesen, das auf der kooperativen Basis aufbaut und sich grundsätzlich in liebevollem Umgang mit seinen Mitmenschen zeigt. Wenn ihr jedoch euer derzeitiges Verhalten in eurer Art des Zusammenlebens genauer unter die Lupe nehmt, dann könnt ihr feststellen, dass alle Verhaltensmuster, die ihr euch angewöhnt habt, diesem grundlegenden Prinzip widersprechen und ihr durch diese Disharmonie viele Quellen geschaffen habt, die euch krank machen. Das ist der Grund, warum wir hier so intensiv auf diese Umstände eingehen, damit ihr erkennen könnt, worin die Ursachen für eure vielen Krankheiten liegen. Alles, was ihr gegen euren ureigensten Lebensplan macht, trägt das Potenzial einer körperlichen Schwächung in sich. Ihr schwächt euch permanent selbst, indem ihr gegen euren Lebensplan arbeitet. Das kostet euch dermaßen viel Kraft und Substanz, dass ihr kaum eine Vorstellung davon habt, wie es sein könnte, wenn ihr im Einklang mit eurem Lebensplan arbeiten würdet. Ihr hättet so viel weniger Probleme mit eurer Gesundheit und ihr alle wärt so viel gesünder und aktiver und dadurch so viel leistungsfähiger! Das ist der Grund, warum ihr hier so viele Umstände aus eurer unmittelbaren Lebensweise präsentiert bekommt.

Alles, was ist, braucht Heilung

Wenn ihr euch umschaut, dann seht ihr so viele Menschen, die alle ihre Probleme haben, mit dem Leben zurechtzukommen. Jeder hat irgendwo ein Problem, das ihn beschäftigt und ihm Sorgen bereitet. Letztlich dreht es sich immer wieder um die eigene Existenz, denn wann immer ihr Sorgen habt, dann sind es existenzielle Ängste, die im weitesten Sinn hier zum Tragen kommen. Auch wenn die Probleme eher klein erscheinen, so sind sie trotzdem aus dem Zentrum euerer Angst emporgestiegen und machen euch Kopfzerbrechen. Alle Menschen sind davon betroffen, und je sie zu verlieren haben, desto mehr haben sie Angst davor, dass dieser Umstand in irgendeiner Art eintritt. Angst ist das größte Hindernis, das ihr zu überwinden habt. Wann immer Angst mit im Spiele ist, dann seid ihr alle gefordert, euch mit dem Thema auseinanderzusetzen, um der Angst Genüge zu tun, damit sie sich wieder zurückziehen kann. Das Thema Angst ist eines der größten in eurer heutigen Zeit, denn die Ängste bestimmen so sehr euer Handeln, dass ihr davon völlig übermannt seid und keinen klaren Gedanken fassen könnt, wenn ihr der Macht der Angst zu viel Aufmerksamkeit schenkt. Aufmerksamkeit ist allerdings genau das, was die Angst bewirken möchte, denn sie erscheint deshalb, dass sie schnell wahrgenommen wird und ihr die volle Aufmerksamkeit zuteil wird. Ignoriert ihr die Angst, so wird sie bald noch viel heftiger in Erscheinung treten als zuvor, denn sie will auf jeden Fall gehört werden. Das ist die Grundintention der Angst – sie will gehört werden!

Alles, was ihr dagegen unternehmen könnt, ist, die Umstände möglichst so zu erschaffen, dass es für die Angst keinen Grund gibt, in Erscheinung zu treten. Alles, was ihr tun könnt, ist, euch das Leben so zu gestalten, dass es ohne Angst auskommt. Nachdem ihr alle so sehr von der Angst geplagt seid, müsst ihr das Umfeld, in dem ihr lebt, so gestalten, dass alles, was ihr täglich braucht, im Überfluss vorhanden ist. Dieser Überfluss kann in unterschiedlichster Form vorhanden sein, denn er betrifft nicht nur die Lebensmittel, die ihr tagtäglich zum Überleben benötigt, sondern in erster Linie die Basis eures Lebens, und die bedeutet derzeit Geld! Das ist die Basis, die euch ruhig schlafen lässt, und so seid ihr permanent dahinter her, so viel Geld wie möglich anzuhäufen, damit ihr der Angst nicht unterliegt, einen Mangel zu erleiden. Geld ist für euch die Garantie, dass ihr überleben könnt. Das ist die Garantie, die euch die Sicherheit gibt und gegen die Angst wirkt, denn ihr könnt der Angst sagen, dass ihr so viel Geld beiseite geschafft habt, dass ihr sehr lange überleben könnt und es deshalb keinen Grund gibt, sich vor irgendetwas zu fürchten. So funktioniert euer System. Wenn ihr dann in die Situation kommt, wo ihr euer Geld hergeben müsst, weil ihr eine Anschaffung tätigt, die euch einen großen Teil eures Geldes wieder wegnimmt, dann habt ihr sofort wieder Angst um eure Existenz – so seid ihr programmiert.

Ihr werdet von Anfang an so gepolt, damit ihr versteht, wie ihr mit eurer Angst am besten umgeht. Angst ist eure zweitgrößte Geißel, der ihr unterliegt. Sie kommt gleich nach dem Geld und hindert euch an so vielen Dingen, die euch das Leben so viel schöner machen würden. Ihr seid in diesem Kreislauf aus Geld und Angst gefangen, aus dem ihr nur sehr schwer ausbrechen könnt. Doch da ihr jetzt erkennen könnt, wo eure Probleme liegen, könnt ihr beginnen, euch aus dieser Geiselhaft zu befreien. Ihr habt die Aufgabe, euch dessen bewusst zu werden, denn darin liegen die ganzen Antworten auf die vielen Fragen, warum ihr alle so viele Krankheiten habt. Ihr habt bereits verstanden, dass die Ursachen in eurer Gesellschaft und in eurem permanenten Angstzustand vor irgendetwas liegen. Das ist das Grundübel eures permanenten Krankseins. Ihr habt an dieser Stelle bereits begriffen, dass es so einfache Dinge sind, die die wahren Ursachen für alle Krankheiten sind, und genau aus diesem Grund erfahrt ihr jetzt auch die Lösung dieses Problems.

Ihr solltet aufhören, euch permanent Sorgen zu machen, wie denn das Leben weitergehen könnte, denn ihr solltet verinnerlichen, dass ihr auf diese Welt gekommen seid, um einen Entwicklungsprozess zu durchlaufen. Dieser Prozess ist der einzige Grund, warum ihr hierhergekommen seid! Wenn ihr verstanden habt, dass ihr ein unsterbliches Wesen seid, das bereits unzählige Male auf der Erde inkarniert hat und noch weitere Abenteuer in Fleisch und Blut bestehen wird, so werdet ihr erkennen, dass es völlig egal ist, wie das Leben eventuell weitergehen könnte, denn eines ist sicher – es geht weiter und das auf jeden Fall! Es gibt keinen Grund, sich zu fürchten, denn ihr werdet auf jeden Fall ewig leben, egal was in diesem Leben alles geschieht oder nicht. Euer Leben ist unendlich und alles sind nur Erfahrungen, die ihr sammelt. Hört auf, euch davor zu fürchten, dass ihr verhungern könntet oder dass ihr aufgrund von Geldmangel irgendwelche sonstigen furchtbaren und unerträglichen Umstände erleiden müsstet, die euch das Leben unmöglich machen. Hört auf, euch davor zu fürchten, denn je mehr ihr dies tut, desto mehr werdet ihr diese Umstände auch tatsächlich erschaffen. Eure Gedanken sind das Werkzeug, das die Umstände erschafft, und eure Gedanken sind auch das Werkzeug, das dafür sorgt, dass es keinen Grund gibt, sich zu fürchten. Ihr seid in der Lage, euch die Angst einfach aus dem Gehirn zu denken, denn sie braucht euch nicht mehr länger einzuschränken – ihr seid keine wilden Tiere mehr, die sich vor ihren Fressfeinden schützen müssen, um überhaupt am Leben zu bleiben. Ihr seid eine hochentwickelte Spezies, die zu allem fähig ist, denn ihr habt ein unglaublich mächtiges Instrument in euren Köpfen – eure Gedanken. Ihr seid dazu in der Lage, dieses Instrument dazu zu benutzen, um die Realität zu erschaffen, die ihr euch wünscht. Ihr seid dazu in der Lage, euch die Realität auszusuchen, die in Kürze auf euch zukommen soll – ihr seid ein schöpferisches Wesen, und ihr müsst lernen, darauf zu vertrauen, dass ihr alle Umstände selbst erschaffen könnt.

Alles, was ihr jetzt benötigt, ist die Reinheit eurer Gedanken – klärt sie und filtert die Angst heraus, denn nur dann werdet ihr in der Lage sein, euch all die Umstände zu erschaffen, die ihr haben wollt. Filtert die Angst aus euren Gedanken und gebt ihr keinen Raum, sich in den Vordergrund zu spielen – ihr braucht sie nicht mehr, denn sie hat ihr Aufgabe über eine lange Zeit eurer Entwicklung sehr gut erfüllt, doch jetzt ist sie völlig überflüssig geworden. Ihr werdet deshalb nicht leichtfertig werden, denn es wird euch ein gewisser Rest für immer erhalten bleiben, damit ihr nicht Gefahr lauft, euch Hals über Kopf in das nächste Abenteuer zur stürzen, das euch mit hoher Wahrscheinlichkeit den Tod bringt. Ihr werdet euch einen gewissen Rest behalten, der euch dazu ermahnt, auf euch achtzugeben und Verletzungen zu vermeiden, doch wird dieser Rest nicht mehr dazu in der Lage sein, euch von so wesentlichen Dingen abzuhalten, die das Leben erst zu einem solchen machen. Ihr alle habt diese Fähigkeit, und ihr alle seid dazu imstande, euch das Leben so zu gestalten, wie ihr es euch schon immer gewünscht habt. Dazu sollt ihr euch aufraffen, denn es ist eure Bestimmung, das Instrument dazu zu benutzen, wofür es vorgesehen ist – um zu erschaffen!

Ihr alle seid Wesen, die dazu auserkoren wurden, schöpferisch tätig zu sein – ihr alle habt die Fähigkeit, und deshalb seid ihr auch in der Lage, euer Gedankengut dafür einzusetzen, dass euer Leben so verläuft, wie ihr es haben wollt. Das ist die Essenz eures Seins – ihr seid ein schöpferisches Wesen. Damit dies auch tatsächlich in der Form so funktioniert, haben wir für euch eine ganz besondere Überraschung vorbereitet. Ihr werdet sehr bald die Gelegenheit haben, eure Gedanken sprichwörtlich in der Sekunde zu verwirklichen, denn das ist eure grundlegende Ausrichtung – eure Gedanken verwirklichen sich im selben Moment, wo ihr sie fertiggedacht habt. Erschafft eure Realität durch eure Gedanken und erschafft euch eure neue Welt! Die Flut an Gedanken, die ihr laufend produziert, ist die Basis eures Lebens. Indem ihr in die Lage versetzt werdet, dass ihr eure Gedanken sofort als Realität erkennen könnt, werdet ihr lernen, diese zu zügeln und nur noch das zu denken, was auch tatsächlich aus eurem tiefsten Herzen heraus gewollt ist. Ihr seid kurz davor, diese Erfahrung machen zu können, und dann werdet ihr sehen, wozu ihr alle fähig seid. Diese Überraschung steht euch bevor, denn sehr bald werdet ihr in der Lage sein, eure Gedanken *live* beobachten zu können, und eure Gedanken werden dann all das erschaffen, was ihr haben wollt. Das solltet ihr erfahren, damit ihr anhand dieser Demonstration erkennen könnt, wozu ihr imstande seid. Das wird ein Schauspiel sondergleichen, und wir helfen euch dabei. Es wird euch sehr überraschen, denn die Welt des Lichts wird sich nicht nur visuell für euch offenbaren, sie wird sich euch auch in ihrer schöpferischen Form zeigen und dafür sorgen, dass ihr erkennen könnt, wer ihr seid und wozu ihr auf die Erde gekommen seid. Dieses Schauspiel steht euch bevor, und wenn es stattgefunden hat, dann werdet ihr erkennen, dass die Welt nur ein Konstrukt eurer Gedanken ist und dass sie genau so schnell wieder verändert werden kann, wie ihr sie erschaffen habt. Ihr könnt sie ganz nach euren Vorstellungen gestalten und euch sehr bald daran erfreuen und sehr bald eure Fähigkeiten weiter ausbauen und dafür einsetzen, das Leben auf der Erde grundlegend zu verändern.

Ihr bekommt die Gelegenheit, eure schöpferischen Gedanken in der Sekunde, in der ihr sie gedacht habt, am eigenen Leib zu verspüren – ihr werdet erkennen, dass ihr eben den Gedanken ausgesendet habt und dass die Resonanz unmittelbar auf den Gedanken folgt. Ihr seid Schöpfer und ihr könnt alles erdenken, was euch dienlich ist. Ihr seid bald soweit, die Ereignisse unmittelbar zu erleben und nicht mehr lange das Ergebnis herbeizusehnen. Alles wird viel schneller gehen, und alles wird euch im Vergleich zu heute sehr einfach vorkommen, denn die Trägheit der aktuellen Schwingung schränkt euch noch zu sehr ein. Bald ändert sich dieser Umstand und dann sind sie völlig frei – eure Gedanken sind völlig frei und sie werden unglaublich viele Neuerungen für euch ermöglichen. Freut euch auf diesen Zustand der Freiheit, denn wie ihr immer schon gewusst habt, beginnt die Freiheit zuerst im Kopf.

Frage: Ist der Umstand, dass unser Gehirn auf einer urzeitlichen Programmierung aufbaut, eine geeignete Entschuldigung für unser Verhalten gegenüber unseren Mitmenschen und unserer Umwelt?

Antwort: Wenn ihr glaubt, dass es einem Umstand zuzuschreiben ist, dass ihr euch benehmt, als gäbe es kein Morgen, dann irrt ihr gewaltig! Es war euer freier Wille, der euch dazu animiert hat, euch auf diese Art und Weise euren Mitmenschen und der Natur gegenüber zu verhalten. Ihr habt diese ursprüngliche Programmierung zwar in euch, und sie wird sich auch grundlegend verändern, doch das ist keine Ausrede, um sich so zerstörerisch zu verhalten. Dass ihr alle aufgrund der Möglichkeiten, die ihr vorgefunden habt, und aufgrund eures Auftrags zur Erforschung der Getrenntheit soweit gekommen seid, lag im Rahmen der Möglichkeiten, und es war durchaus so vorgesehen, die Getrenntheit voneinander und von allem sehr intensiv zu erfahren. Doch diesen Umstand als Ausrede zu benutzen, wäre zu einfach, denn ihr verfügt alle über ein Herz, das euch, wenn es entsprechend beachtet worden wäre, durchaus eine andere Handlung nahegelegt hätte. Ihr seid nicht darauf angewiesen, eine Ausrede zu erfinden oder von uns geliefert zu bekommen – es ist nicht notwendig, sich in irgendeiner Art zu rechtfertigen, es geht jetzt lediglich darum, die Erkenntnisse aus den Geschehnissen zu ziehen und für die Zukunft Verhaltensweisen daraus abzuleiten, die so eine Entwicklung von vornherein ausschließen. Die Bildung eures Herzens ist gefordert und der Ausdruck der höchsten Göttlichkeit ist das Ziel, und um das zu erreichen, seid ihr hier!

Frage: In welcher Form werdet ihr euch uns visuell offenbaren, und wann wird dies geschehen?

Antwort: Wenn ihr euch in den nächsten Monaten darauf konzentriert, dann werdet ihr uns erkennen können – wir sind euch so nahe, wie wir es schon lange Zeit nicht mehr gewesen sind. Ihr werdet uns erkennen, wenn ihr euch entsprechend dafür öffnet. Ihr werdet uns erkennen können, wann immer wir von euch gerufen werden. Wir sind euch so nahe, dass ihr unsere Anwesenheit spüren könnt, und ihr werdet erkennen können, dass wir euch durch unsere Anwesenheit wie noch nie zur Seite stehen. Ihr könnt uns eines Tages sehen, denn wir werden uns allen Menschen zeigen – wir werden die Energien so lenken, dass eine visuelle Darstellung möglich ist. Wir haben keinen feststofflichen Körper, den wir annehmen und zeigen können, aber wir werden andere Wege finden, um euch einen visuellen Eindruck von unserer Existenz zu übermitteln. Wir sind da und wir waren immer da, doch ihr habt uns aufgrund eurer beschränkten Wahrnehmung nicht erkennen können. Viele Menschen können uns mittlerweile sehr stark spüren, und Menschen wie du sind auch in der Lage, mit uns direkt zu kommunizieren. Das ist ein schöner Erfolg und zeigt auch, wie sehr die Schwingung auf der Erde angehoben wurde, damit ihr euch aus dem tiefen Tal der 3. Dimension aufmacht, in die nächste Dimension emporzusteigen. Der Weg dorthin führt über eine Schwingungsfrequenz, die den Kontakt zu uns weiter erleichtern wird, und die visuellen Eindrücke, die ihr erhalten werdet, tragen ihren Teil dazu bei, damit ihr verstehen könnt, dass es uns gibt. Der Zeitpunkt wird hier an dieser Stelle nicht verraten, denn es soll ja für euch alle eine Überraschung sein, und wir werden uns davor hüten, euch diese Überraschung durch Vorankündigungen zu vermiesen. Freut euch einfach, dass wir so nahe sind und dass wir die Führung, die wir euch geben, bald in einer anderen Form erkennen lassen. Ihr werdet erstaunt sein, wozu ihr alle fähig seid, und ihr werdet erstaunt sein, was ihr alles in der Vergangenheit negiert und verweigert habt.

Frage: Wie und wann findet das Schauspiel statt, bei dem wir die Resonanz unserer Gedanken live *verfolgen können?*

Antwort: Diese Demonstration eurer schöpferischen Gedanken bekommt ihr dann, wenn der Übergang in die 5. Dimension unmittelbar bevorsteht, denn ihr werdet so lange noch brauchen, um die geistige Einstellung zu euch selbst zu verändern. Ihr werdet zuvor noch viele Gelegenheiten bekommen, die Welt aus einem ganz anderen Gesichtspunkt zu betrachten. Diese Umstände werden euch sehr nachdenklich machen und auf diese Zeilen zurückführen und euch zu erkennen geben, was wir damit gemeint haben. Ihr könnt die Umstände verfolgen, die auf euch zukommen und daran begreifen, wie die Umstände dazu vorgesehen sind, euer Bewusstsein zu öffnen und euch klarzumachen, warum sie eingetreten sind. Ihr werdet all das erkennen können, und dann seid ihr reif dafür, zu erfahren, wie sich eure Gedanken in der Realität manifestieren. Wartet ab, der Zeitraum ist kurz, und doch werden noch viele Ereignisse dazwischen Platz finden und eure Selbsterkenntnis weiter fördern. Habt etwas Geduld, denn ihr müsst zuvor noch einige Ereignisse verarbeiten und eure Schlüsse daraus ziehen.

Frage: Es gibt immer mehr Menschen mit medialen und heilerischen Fähigkeiten. Viele haben keine medizinische Ausbildung, fühlen sich jedoch zur Unterstützung der Menschheit bei der Vorbereitung auf die Neue Zeit und zur Unterstützung im Heilungsprozess berufen. Viele verzeichnen ausgezeichnete Erfolge mit ihrer Arbeit. Auffallend ist jedoch, dass die Männer dabei eine starke Minderheit darstellen. Mich interessiert, wie du diese Menschen siehst, ob sie zur Heilung durch die geistige Welt ermächtigt wurden oder ob mancher vielleicht fahrlässig handelt, wenn er sich entschließt, mit Menschen zu arbeiten und sie bei ihrem Heilungsprozess zu unterstützen. Dürfen wir alle unsere heilenden Fähigkeiten einsetzen und worauf sollen wir dabei achten?

Antwort: Alles, was ihr könnt, entstammt letztlich eurem Bewusstsein über euer Selbst, somit seid ihr alle in der Lage, all das zu vollbringen, was ihr als Heilung bezeichnet. Alle Welt braucht Heilung, und damit ihr diese Heilung vollbringen könnt, braucht ihr viele Menschen, die sich dazu in der Lage fühlen. Viele Methoden sind bereits bekannt, und ihr solltet euch ruhig näher damit anfreunden, denn es ist einfach, doch ist es wichtig, sich zuerst mit der Materie von Heilung überhaupt auseinanderzusetzen, denn Heilung ist etwas ganz Besonderes. Heilung steht derzeit für euch in Verbindung mit einem Gefühl von Krankheit und Unwohlsein, denn Heilung beseitigt dieses Gefühl. Ihr könnt Heilung vollbringen, indem ihr dem Menschen all das gebt, was ihm in diesem Augenblick fehlt, denn die Einheit ist unheil, und dadurch, dass ihr etwa hinzufügt, könnt ihr dem Menschen helfen, wieder heil zu werden. Ihr könnt dem Menschen alles geben, was er braucht, denn in erster Linie braucht er keine Heilung, sondern eine Veränderung in seinem Bewusstsein, um wieder heil zu werden. Euer Bewusstsein ist in diesem Augenblick auf Heilung ausgerichtet und sein Bewusstsein ebenfalls – dadurch erreicht ihr bereits sehr viel in diesem Bereich, doch wichtig ist, dass die Heilung auch nachhaltig ist, denn nur dann ist sie vollständig erfolgt, und dafür müsst ihr das Bewusstsein des Menschen nicht nur auf Heilung richten, sondern ihm die Gelegenheit geben, sich auf die Ursache zu konzentrieren.

Das Leben, das euch allen so viel Leid gebracht hat, ist letztlich nur auf einer einzigen Basis aufgebaut, und die nennt man reines Bewusstsein. Bewusstsein ist die Basis für alles, und je höher das Bewusstsein entwickelt ist, desto heiler und reiner ist die Wesenheit, die damit ausgestattet ist. Euer Leben braucht dieses Bewusstsein, denn ohne es geht es nicht! Je höher dieses Bewusstsein entwickelt ist, desto heiler wird der Mensch sein, und je weniger es entwickelt ist, desto eher wird er sich in Situationen bringen, die dazu führen, dass er erkrankt und andere Leiden davonträgt. Euer Leben braucht daher Menschen, die daran arbeiten, sich selbst und die anderen Menschen in ihrem Bewusstsein anzuheben, denn auf diese Weise könnt ihr all die Leiden besiegen, die ihr derzeit noch erdulden müsst. Eure Welt erduldet zuviel Leid, das überhaupt nicht notwendig wäre, wenn sich euer Bewusstsein schnell in höhere Ebenen entwickeln und jeder aktiv daran arbeiten würde, doch dem ist leider nur teilweise so, und deshalb braucht ihr Menschen, die sich damit beschäftigen und dieses Heil auf die andern Menschen übertragen. Wenn die Menschheit ihre Leiden besiegen möchte, dann braucht sie viele Helfer dafür, und diese Helfer sind alle dazu befähigt, indem sie sich mit dem Thema identifizieren und aktiv daran arbeiten, dass sie selbst möglichst weit entwickelt sind und sich dadurch in der Lage fühlen, die Menschen, die noch nicht soweit gekommen sind, zu unterstützen. Euer Leben hängt davon ab, ob ihr euch entwickelt oder nicht, und deshalb ermächtigt sich jeder dazu, diese Art von Arbeit zu verrichten, denn es ist ziemlich egal, ob es ein Mann oder eine Frau ist, die sich dazu bereiterklärt, ihr Wissen und ihr Bewusstsein auf andere zu übertragen. Ihr alle könnt es, und ihr alle sollt es auch tun, somit seid ihr alle dazu ermächtigt und befähigt!

Frage: Mir fällt auf, dass diese Menschen wenig bekannt sind und sich eher davor scheuen, in der Öffentlichkeit zu stehen. Ist das von euch so gewollt, oder was empfiehlst du diesen Menschen?

Antwort: Diese Menschen sind von Natur aus unaufdringlich, denn sie wissen, dass jemand gerne zu ihnen kommen wird, wenn er ihre Hilfe sucht. Niemand wird sich aufdrängen und sich anbiedern, so wie es in eurem bisherigen Leben gelaufen ist. Niemand wird seine Fähigkeiten dermaßen nach außen tragen wollen, um sich in den Vordergrund zu stellen, auch wenn es sicherlich dienlich wäre, wenn sich diese Menschen ein gesteigertes Selbstbewusstsein und Selbstvertrauen aneignen würden.

Frage: Sehr viele Menschen sind auf der Suche nach alternativen Heilmethoden – sie haben körperliche Beschwerden, die sich durch die Möglichkeiten der Schulmedizin nicht effektiv behandeln lassen, zunehmend leiden die Menschen unter psychischen Problemen und können sich die Ursache nicht erklären. Immer mehr Menschen sind einfach ratlos und spüren eine tiefe Frustration darüber, dass sie keine Ahnung haben, warum ihr Leben nicht so verläuft, wie sie es sich wünschen. Oftmals kann man den Zustand nicht als krank bezeichnen, sondern einfach nur als planlos und frustriert – eben ein Nichtzurechtkommen mit der enormen Beschleunigung unserer Zeit und den Veränderungen in unserem Bewusstsein. Ich versuche den Menschen das Leben folgendermaßen bildhaft darzustellen:

Ich leite sie an, sich alleine in einem Kinosaal sitzend vorzustellen. Auf der Leinwand zu sehen ist ihr aktuelles Leben, mit dem sie als Zuschauer naturgemäß emotional stark verhaftet sind. Hinter ihnen läuft der Filmprojektor, der letztlich nur weißes Licht (ich nenne es das Licht des Lebens) durch den eingelegten Film strahlt und diesen Film dadurch auf die Leinwand projiziert. Wenn jemandem dieser (sein) Film nicht gefällt, so liegt das nicht an der Leinwand, denn diese ist ja einfach nur weiß – ebensowenig liegt es am Licht des Lebens, denn das ist ja einfach nur da und tut sonst gar nichts. Somit können Veränderungen nur am eingelegten Film gemacht werden, und dieser besteht letztlich aus einem komplexen Gebilde aus Überzeugungen (Glaubenssätzen), Ängsten, Verhaltensmustern und den aktuellen schöpferischen Gedanken. Man kann sich dieses Gebilde als gut gefülltes Regal vorstellen, worin in den zahlreichen Fächern jeweils eines der zuvor genannten Gebilde eingelagert ist. Indem man diese „Matrix", die vom Licht des Lebens durchströmt wird, verändert, verändert man automatisch den Film bzw. sein Leben.

Ich versuche den Menschen klarzumachen, dass alles seinen Sinn hat, auch wenn er im Moment nicht zu erkennen ist, und dass alles, was jemandem in seinem Leben widerfährt, letztlich nur ein Spiegel seiner selbst ist. Dies ist aus meiner heutigen Sicht der Dinge ein sehr effektiver Ansatzpunkt, um einem Menschen klarzumachen, wo er beginnen muss, um sein Leben nach seinen Wünschen umzugestalten. Wie siehst Du das?

Antwort: Euer Leben braucht dringend genau solche Ansätze, damit die Menschen die Zusammenhänge mit ihrem eigenen Denkmuster erkennen können. Euer Leben wird durch die Erkenntnis, dass ihr einfach alles nur auf eure Gedanken zurückzuführen braucht, sehr viel klarer und einfacher nachzuvollziehen, denn ihr seid nicht mehr Opfer der Umstände, sondern ihr werdet aktive Gestalter und somit zum Schöpfer eures Lebens. Genau so wird es sein, wenn euer Bewusstsein voll ausgereift ist und ihr diesen Übergang hinter euch habt.

Frage: Uns stehen derzeit zwar schon die verschiedensten Methoden zur Transformation dieser Matrix zur Verfügung. Nachdem aber nur noch wenig Zeit bleibt und immer mehr Menschen nach Hilfestellung suchen, frage ich mich, wie das weitergehen wird, ob eine wahre Flut von Menschen auf die „Unterstützer" zukommt, und wie sie diese bewältigen können?

Antwort: Die Helfer werden natürlich immer mehr zu tun bekommen, denn es werden immer mehr Menschen erkennen, dass sie selbst die Ursache ihrer Erkrankungen und Schwierigkeiten in ihrem Leben sind. Die Nachfrage wird daher sehr stark ansteigen, doch werden sich auch immer mehr Menschen dazu berufen und in der Lage fühlen, die Menschen auf ihrem Weg des Bewusstwerdens zu unterstützen.

Frage: Die Quantenheilung ist im Augenblick in aller Munde – durch die Einfachheit ist das Prinzip für jedermann schnell zu erlernen und auf sich selbst und alle anderen Menschen anzuwenden. Ist die Quantenheilung die Lösung für all unsere Probleme?

Antwort: Eure Probleme können nicht alle mit dieser Methode geheilt werden, sehrwohl ist es ein gutes Instrument, um den Menschen sehr schnell Erleichterung zu verschaffen, speziell für Leiden, die nicht sehr tiefgreifende Ursachen haben.

Frage: Ich habe im Buch „Die heilende Kraft des Dankens" von Angela Schäfer gelesen, dass man alleine durch das Danken im voraus enorme schöpferische Kräfte freisetzen kann, um Krankheiten und vieles andere spontan zu heilen oder den Heilungsprozess anzuregen. Auf welchem

Prinzip beruht dies und wie und wann sollen wir dies am besten anwenden?

Antwort: Die Menschen, die sich gerne dadurch von etwas überzeugen lassen, dass es wirkt, die werden an diesem Prinzip ihre große Freude haben, denn es ist letztlich ein schöpferischer Akt, den sie hiermit vollbringen. Denn durch das Danken ist Folgendes passiert: Sie nehmen vorweg, dass sich etwas verändert hat, und zwar dahingehend, dass es heil wird, und durch dieses Heilwerden können sie die volle Entspannung ihres Zustandes erreichen. Sie können dadurch ihre volle Genesung schon erkennen, und damit haben sie die schöpferische Kraft ihrer Gedanken eingesetzt. Dieses Prinzip ist äußerst effektiv, es ist genau das, was wir euch klarzumachen versuchen, nämlich dass eure Gedanken alles erschaffen können, was ihr euch vorstellt. Je klarer die Vorstellung, desto intensiver ist die schöpferische Wirkung!

Alles, was recht ist

„Alles, was recht ist", kann auch übersetzt werden mit: „Alles, was richtig ist", oder man könnte sagen, alles, was ein Mensch tun kann, damit er auf dem richtigen Weg ist. Dieses Kapitel behandelt eure Einstellung zu euch selbst und die Einstellung zu eurem Leben auf der Erde.

Ihr alle habt euch bereits durch mehrere Kapitel gelesen und festgestellt, dass sich das Leben ganz anders darstellt, als ihr er bisher gesehen habt. Das ist gut so, denn genau das war unsere Absicht. Wenn ihr fortfahrt mit den Überlegungen, die wir euch hier nahegelegt haben, dann könnt ihr daraus auf euer zukünftiges Verhalten schließen. Dieser Schluss ist das Wichtigste, das wir euch mitgeben möchten. Ihr solltet verstehen, dass die Welt letztlich nur ein Spielplatz für euch ist – ein Platz, an dem ihr alle in Form eines menschlichen Körpers so viele Erfahrungen wie möglich sammeln sollt, damit ihr aus diesen Erfahrungen eure weitere Handlungsweise ableiten könnt. Ihr seid hier, um zu erfahren, worum es im Leben wirklich geht und warum ihr auf der Erde seid. Das ist das große Ziel.

Wenn ihr an die Zukunft denkt, dann wird euch klarwerden, dass euer Verhalten künftig ganz anders aussehen sollte als bisher, denn wenn ihr umsetzt, was ihr hier erfahren habt, dann könnt ihr erkennen, dass die Welt ganz andere Regeln braucht, als sie sie jetzt vorfindet. Ihr braucht die höchste Regel überhaupt an oberster Stelle, und die heißt: Ihr seid alle eins. Und diese Einheit steht über allem und darf niemals außer Acht gelassen werden. Es besteht eine Verbindung zwischen euch allen, und diese Verbindung geht sogar noch über euch hinaus, denn alle Lebewesen auf der Erde gehören dieser Verbindung an, denn sie wurden von euch erschaffen. Ihr habt es erschaffen, und ihr seid dazu in der Lage, es weiterzuentwickeln, und ihr seid diejenigen, die dafür vorgesehen sind, das Universum mit Leben zu erfüllen. Ihr seid diejenigen, die jetzt auch anders an die Sache herangehen müssen, um eurem Auftrag gerecht zu werden. Seid ihr im Zweifel, so blickt auf die Ereignisse der Vergangenheit zurück und stellt fest, wozu es geführt hat, wenn ihr eure Abstammung vergesst und auf keinste Weise versucht, ihr gerecht zu werden. Das Ergebnis habt ihr gesehen, und ich glaube kaum, dass ihr dies so fortführen wollt. Um es zu ändern, müsst ihr euch ändern! Ihr müsst eure Einstellung zu euch selbst und zu euren Mitmenschen und der Natur ändern, dann seid ihr auf dem richtigen Weg, um das alles zu erschaffen, wovon ihr schon lange träumt. Ändert eure Einstellung zu euch selbst und erkennt, dass ihr schöpferischer Geist seid, und das große „Ich bin" wird die wichtigste Erkenntnis sein, die ihr in eurem Leben erlangt. „Ich bin" ist äußerst mächtig und drängt unweigerlich dazu, in die Realität zu gelangen. Wenn ihr von euch behauptet, dass ihr ein Teil von Gott seid und somit ein Schöpfer, dann seid ihr auf dem richtigen Weg, um die Einstellung zu erlangen, derer es bedarf, um das Leben in die Richtung zu lenken, die ihr haben möchtet.

Frage: Ich habe die Bedeutung der Selbstdefinition und deren mächtige Auswirkung persönlich erfahren und kann allen bestätigen, wie wichtig es ist, für sich selbst eine Antwort auf die Frage: Was bin ich? zu haben. Ich kann mir vorstellen, dass es Leser gibt, die die Tragweite deiner Aussage noch nicht vollständig verstanden haben. Darf ich dich um eine etwas umfangreichere Aussage über die Bedeutung der Selbstdefinition bitten?

Antwort: Alles, was der Mensch braucht, um seine Selbstdefinition selbstsicher und umsetzbar vorzunehmen, ist letztlich nur die Bewusstheit über seine Abstammung. Sobald ein Mensch verstanden und akzeptiert hat, dass er ein Teil des Schöpfers ist und dass er ebenso wie alle anderen auf die Erde gekommen ist, um hier ein

Leben zu führen, das aus dem Sammeln von Erfahrungen besteht, um über die daraus erlangte Weisheit ein liebevoller Schöpfer zu werden, dann hat der Mensch die Voraussetzung, die er braucht, bereits erfüllt. Wenn wir jetzt einen Schritt weitergehen und beleuchten, was der Mensch für ein Verhalten an den Tag legt, wenn er sich selbst genau so definiert, dann wird das völlig anders sein als zuvor, denn sein Bewusstsein wird sich dann gegen seine bisherigen Handlungen stellen. Er wird nicht mehr dazu in der Lage sein, sich Möglichkeiten zu suchen, wie er andere Menschen übervorteilen kann und wie er zu seinem Vorteil der Umwelt Schaden zufügt. Das ist dann einfach nicht mehr möglich, denn seine Selbstdefinition verbietet ihm solche Handlungen. Die Selbstdefinition ist die mächtigste Waffe gegen alle Ungerechtigkeiten auf dieser Erde, und darum ist sie so dermaßen wichtig. Jeder Mensch, der sich selbst als das definiert, was wir zuvor ausgeführt haben, wird sein Leben vollständig verändern, denn er erkennt in allen seinen Gedanken und in allen seinen Handlungen, dass er nicht im Einklang mit seiner Definition steht. Jeder wird für sich erkennen können, dass er seine Handlungen dieser Selbsteinschätzung anpassen muss und dass er die Handlungen anderer Menschen aus einem ganz anderen Gesichtspunkt betrachten muss und ganz anders darauf reagiert, wenn andere Menschen sich entgegen ihrer Bestimmung verhalten. Das ist die Tragweite der Selbstdefinition bzw. der Erkenntnis, was ihr alle in Wahrheit seid.

Frage: Wie verträgt es sich, wenn man die Behauptung über sich selbst aufstellt: „Ich bin ein Teil von Gott und somit ein liebevoller Schöpfer, der zu jeder Zeit die göttliche Liebe zu den Menschen und allen Geschöpfen zum Ausdruck bringt" und andererseits einen Beruf ausübt, der lediglich dem Zweck des Geldverdienens dient und von dieser Behauptung über das „Ich bin" abweicht?

Antwort: Wenn ihr euch selbst definiert und akzeptiert habt, dass die Wahrheit auf dem Tisch liegt und ihr euch nicht mehr gegen diese Wahrheit eurer Abstammung stellen könnt, dann wird es euch sicherlich nicht besonders leichtfallen, in eurem derzeitigen Beruf entsprechende Handlungen auszuführen. Viele eurer Berufe sind entgegen dieser grundlegenden Einstellung gemacht, und das ist auch eines der größten Probleme, die ihr mit euch herumtragt. Ihr seid gefangen in einem System, das auf Macht und Geld beruht, und dieses System hindert euch immer wieder daran, eure wahre Abstammung nicht nur zu akzeptieren, sondern sie auch zu leben. Wenn ihr dann soweit gekommen seid, dass ihr anfangt, euch gegen diese Art von Arbeit zu wehren, dann ist der Zeitpunkt nahe, wo die Umstellung eures Bewusstseins stattfindet. Ihr könnt heute noch nicht aus diesem System ausbrechen, denn ihr braucht die wirtschaftliche Absicherung für eure Existenz. Ihr könnt noch nicht ausbrechen, weil die Zeit noch nicht reif genug ist, doch sehr bald kommt diese Zeit, und dann ist es angebracht, sich mit dem neuen Bewusstsein näher zu beschäftigen, und dann werdet ihr auch alle dazu kommen, euch gegen die Art und Weise, wie euer Beruf ausgeübt wird und wie er euch definiert, zu wehren. Die Akzeptanz eurer Arbeit wird dann immer weniger vorhanden sein, und irgendwann ist es soweit und ihr werdet sagen, dass ihr diese Arbeit so nicht mehr ausführen möchtet, denn sie widerspricht eurer Überzeugung von dem, was ihr seid. Ihr werdet dann nicht alleine sein, denn das betrifft dann alle Menschen, und sobald ihr alle zusammen aufsteht und sagt, dass ihr es so nicht mehr wollt, werden alle anderen, die noch darauf beharren, sehr stark in der Minderheit sein. Diese Minderheit wird dann keine Chance mehr haben, euch euren Wunsch abzuschlagen, die Arbeit grundlegend so zu verändern, dass sie eurem höchsten Ideal entspricht. Ihr seid diejenigen, die den Wandel einleiten, und euer Bewusstsein wird darüber bestimmen, was ihr wirklich tun wollt, denn dieses Tun muss im Einklang mit eurer Überzeugung sein. Sobald ihr diesen Schritt getan habt, werdet ihr alle zusammen den Aufstieg vollziehen, das ist der entscheidende Punkt, wo sich eure Überzeugung durchsetzt.

Frage: Verstehe ich es richtig, dass wir unsere Berufe immer mehr hinterfragen werden und dass wir selbst entgegen der Verlockung des Geldes an den Punkt gelangen, wo wir diese Arbeit in dieser Form nicht mehr ausführen wollen, weil es gegen unsere Überzeugung ist. Die Konsequenz wäre dann eine Art Streik gegen das Unternehmen und gegen unsere Gesellschaft. Das würde voraussichtlich zu Unruhen führen und die ganze Weltordnung ins Wanken bringen.

Antwort: Die Welt wird sich gegen diese Überzeugung nicht wehren können, denn eure innerste Überzeugung ist das allermächtigste Instrument, über das ihr verfügt. Wann immer diese Überzeugung auf den Plan tritt, sind grundlegende Veränderungen angesagt. Ihr habt bisher auch schon gewisse Arbeiten abgelehnt, weil sie eurer Überzeugung widersprochen haben. Ihr habt Arbeiten, die euch angeboten wurden, nicht einmal näher begutachtet, denn sie entsprachen nicht eurer Selbstdefinition. Wenn diese Selbstdefinition jetzt verändert wird, dann wird es notwendig sein, eure Arbeit erneut zu überdenken, und ihr werdet feststellen, dass viele Tätigkeiten nicht mehr zeitgemäß sind. Das ist die grundlegende Veränderung, die nicht nur in euren Köpfen stattfindet, sondern unmittelbar große Auswirkungen auf eure Handlungen hat. Wenn eure Überzeugung nicht vollständig erfüllt wird, dann werdet ihr künftig nicht mehr mitmachen, wenn es darum geht, die Menschen zu übervorteilen und sich auf Kosten anderer zu bereichern. Das werdet ihr nicht mehr vor eurem innersten Gewissen vertreten können, und dadurch wird es dazu kommen, dass ihr alle gegen das heutige System rebelliert. Ihr werdet es nicht länger hinnehmen, wie ihr derzeit in diesem System gefangen seid. Wenn dieser Tag gekommen ist, dann wird sich die ganze Welt gegen die alten Systeme auflehnen und neue Systeme einfordern und diese auch aktiv vorschlagen. Das ist der Prozess der Weiterentwicklung, von dem wir bereits seit so langer Zeit sprechen. Das ist die grundlegende Veränderung eurer Gesellschaft, und die wird natürlich mit etwas chaotischen Zuständen beginnen. Ihr werdet jedoch sehr bald verstanden haben, dass ihr es jetzt selbst in der Hand habt, euch ein System zurechtzulegen, das für die Zukunft tauglich ist und eure höchsten Werte zum Ausdruck bringt.

Frage: Das neue Bewusstsein sickert ja bereits langsam in unsere Köpfe ein – ich verspüre dies bei allen Gesprächen, die ich seit geraumer Zeit führe. Jeder ist überzeugt, dass wir so, wie wir heute leben, künftig nicht weitermachen können, doch fehlt es den meisten an einer Vorstellung, wie das künftige Leben aussehen soll. Für mich stellt sich die Frage, nachdem der Aufstieg in die 5. Dimension am 21. Dezember 2012 erfolgt ist, wann der Aufstand gegen die alten Systeme beginnen und wann er seinen Höhepunkt und somit das Chaos erreicht haben wird?

Antwort: Ihr habt alle zusammen bereits richtig bemerkt, dass alle Menschen überzeugt sind, dass sich etwas ändern muss. Dieses Bewusstsein ist die Vorstufe zur Erlangung des neuen Bewusstseins über eure Abstammung und Herkunft. Das war so beabsichtigt, und ihr spürt auch die große Frustration vieler Menschen, weil sie tief in sich drinnen wissen, dass es falsch ist, sich so zu verhalten wie bisher, doch fordert das aktuelle System dieses Verhalten ein. Derzeit werdet ihr noch nachgeben, doch immer mehr Menschen weigern sich und suchen sich eine andere Aufgabe. Oft sind sie orientierungslos und antriebslos, denn es fehlt ihnen noch der zündende Gedanke, wonach sie denn überhaupt suchen und worin ihre Unzufriedenheit begründet ist. Dieses Suchen hat jedoch bald ein Ende, denn wie du schon richtig ausgeführt hast, ist der Höhepunkt im Dezember 2012 erreicht. Die Entwicklung in die neue Richtung wird jedoch viel früher einsetzen, und immer weniger werden Unternehmen überleben können, wenn ihre Ausrichtung nicht dem höchsten Ideal entspricht, denn es werden nicht nur die Mitarbeiter ihre Ablehnung zum Ausdruck bringen, sondern auch die Kunden. Dann ist es soweit und das System beginnt zu zerfallen, denn von allen Seiten wird es untergraben – einerseits verweigern die Mitarbeiter ihre Arbeit und andererseits bleiben die Kunden aus, das wirtschaftliche Ende ist somit sehr bald erreicht. So wird es vielen Unternehmen gehen, und vor allem wird die Legislative davon betroffen sein, weil die Menschen der Regierung das Vertrauen entziehen und ein neues System fordern, das auf den neuen Werten einer friedlichen und gleichberechtigten Gesellschaft aufbaut. Das wird euer großer Einsatztermin sein, und dann wird die Zeit bis zum Höhepunkt des Übergangs nicht mehr allzuweit entfernt sein. Ihr könnt davon ausgehen, dass einige Monate zuvor das große Chaos ausbrechen wird, und zwar nicht nur in einem Land, sondern auf der ganzen Welt!

Frage: Ich habe die Frage in ähnlicher Form bereits in den beiden anderen Büchern von Erzengel Gabriel, allerdings in anderen Zusammenhängen, beantwortet bekommen, doch ich möchte sie auch hier noch einmal stellen: Gibt es noch ein Zurück – kann der Aufstieg noch durch irgendeinen Umstand verhindert werden – können wir Menschen aufgrund unseres Verhaltens für den Aufstieg unwürdig werden oder haben wir uns alle (!) für den Aufstieg bereits qualifiziert?

Antwort: Ihr alle seid Teile von Gott, und ihr habt eure Schöpfung so ausgerichtet, dass ihr alle das Leben auf der Erde in unterschiedlichen Epochen und in unterschiedlichen Bewusstseinszuständen erfahren könnt. Ihr habt das so gewollt und es genau so erschaffen. Ebenso habt ihr es gewollt, dass wir euch dabei behilflich sind, die jeweiligen Entwicklungsschritte zu machen. Dafür habt ihr uns erschaffen, damit wir euch dann zur Seite stehen, wenn dies notwendig ist. Jetzt ist so ein Zeitpunkt, zu dem eine entsprechende Hürde in eurer Entwicklung genommen wird, und deshalb seid ihr von Grund auf qualifiziert und es kann nichts und niemand diesen Aufstieg verhindern. Ihr seid jedoch die Einzigen, die das könnten, indem ihr euch entscheidet, die Erde zuvor zu verlassen, sofern ihr euch als noch nicht reif für den Übergang empfindet. Wenn ihr dies entschieden habt, dann werdet ihr auch durch die Ereignisse der nächsten Zeit eine Gelegenheit erhalten, um die Erde zu verlassen.

Diese Entscheidung werdet ihr dann treffen, wenn sich die Umstände anbieten, und dann wird es entweder soweit sein, dass ihr den Aufstieg mitmacht und all eure Überzeugung hineinlegt und darum kämpft, dass er für alle ohne größere Schwierigkeiten über die Bühne gehen kann. Alle anderen, die auf Seelenebene entschieden haben, die Getrenntheit noch in anderen Epochen erleben zu wollen, die werden den Aufstieg erst in einer anderen Zeitepoche mitmachen. Jetzt ist der große Aufstieg vorgesehen und es gibt kein Zurück!

Frage: Ich glaube, du solltest für die etwas weniger versierten Leser erklären, was du mit der Entscheidung gegen den Aufstieg auf Seelenebene genau meinst und auf welche Umstände wir uns einstellen müssen?

Antwort: Alles, worauf ihr euch einstellen solltet, sind gewisse Umstände, die hervorgerufen durch Naturereignisse, Krankheiten und Unfälle, vielen Menschen die Gelegenheit geben, ihre Inkarnation zu beenden, weil sie sich für das Verweilen in der Getrenntheit entschieden haben. Diese Menschen tun dies nicht bewusst, denn ihre Seele ist der maßgebende Teil, der über solch schwerwiegende Entscheidung bestimmt. Alle anderen Menschen, die sich für den Aufstieg entschieden haben, werden die Umstände auch unbeschadet überstehen können. Die Ereignisse der nächsten Zeit werden nicht nur dazu dienen, sondern sie werden auch allen anderen noch dazu dienlich sein, dass sie ihre Erfahrungen weiter ausbauen können und aus den Ereignissen, die durchaus wieder eine gewisse Dramatik beinhalten können, an Weisheit und Reife für den Aufstieg gewinnen.

Frage: Jetzt könnten einzelne Leser eventuell leicht panisch werden und befürchten, dass sie zu diesen Seelen gehören, die die Erde zuvor verlassen werden. Könntest du diesen Menschen bitte noch konkretisieren, was sie erwartet?

Antwort: Alles, was die Leser dieses Buches zu befürchten haben, ist lediglich, dass die Umstände, die zur Vorbereitung des Aufstiegs dienen, für etwas Unbehagen sorgen werden, *weil* es solche Ereignisse sind, die in den Menschen schon immer ein gewisses Unbehagen ausgelöst haben. Dieses Unbehagen ist aber ein gewolltes, denn es dient dazu, dass die Menschen aus den Ereignissen ihre Erkenntnisse ziehen und aus den Erkenntnissen wiederum Weisheit ableiten, die ihnen letztlich für den Aufstieg und ihre weitere Tätigkeit als Schöpfer sehr dienlich sein wird. Dramatische Ereignisse haben immer eine stark emotionale Komponente, doch das ist sehr wichtig in diesem Zusammenhang und daher gewollt. Seht die Ereignisse der nächsten Zeit gelassen und erkennt sie als das, was sie sind, und dann gibt es keinen Grund für Unbehagen oder Angst. Alle, die sich mit dieser Thematik so intensiv beschäftigen, dass sie z.B. Bücher darüber lesen, sind von ihrer Seele darauf hingewiesen worden und dadurch auf jeden Fall reif für den Aufstieg!

Wenn die Welt erwacht

Alles, was die Welt jetzt braucht, ist eine völlig neue Gesellschaftsform, die dazu dient, die höchsten Werte zum Ausdruck zu bringen. Diese neue Gesellschaft wird sehr bald erwachen und dann gibt es keine Ungerechtigkeit mehr, dann gibt es keinen Hunger mehr und dann wird alles völlig friedlich untereinander aufgeteilt. Das sind die Eckpfeiler einer Gesellschaft, die dafür sorgt, dass alle Menschen gleich viel bekommen und dass nicht wieder Einzelne die Nutznießer eines Systems werden. „Alles gehört allen und es ist genug für alle da", so lautet die Devise dieser neuen Form des Zusammenlebens der Menschen.

Wenn die Welt verstanden hat, dass es an der Zeit ist, die Gewohnheiten des alten Systems über Bord zu werfen, dann formt sich sehr schnell dieser neue Rat der Weisen, der der oberste Wächter der Grundprinzipien sein wird. Ein Weisenrat, der dafür da ist, die Ressourcen zu verteilen und die Lebensmittel dort hinzubringen, wo sie benötigt werden. Die Erde hat so viele Ressourcen, um die Menschheit zu ernähren, da wäre es doch gelacht, wenn es nicht gelingen würde, alle Menschen gleichmäßig zu versorgen! Das ist die höchste Aufgabe dieses Rates, und dann sorgt er dafür, dass die Menschen alle eine Basis finden, auf der sie zu ihrem eigenen und zum Wohl der Gemeinschaft einen Beitrag leisten können – alle in einem Ausmaß, wie es jeder Einzelne für sich selbst entscheidet. Es gibt keinen Zwang mehr, denn es sind genug Menschen da, die gerne einen Beitrag leisten, damit alle das haben, was sie brauchen und darüber hinaus die Gesellschaft in Wohlstand und ausgestattet mit allem Komfort leben kann. Wenn ihr dann soweit gekommen seid, dass ihr eure Gesellschaft neu definiert habt, dann könnt ihr mit all dem loslegen, wofür ihr überhaupt hierhergekommen seid. Ihr werdet dann eure schöpferische Tätigkeit aufnehmen und dafür sorgen, dass die Natur ihre Lebensräume erhält und dass die Schöpfung in diesen Bereichen voranschreiten kann. Alles wird wiedererschaffen, was der Mensch durch seinen Raubbau an der Natur vernichtet und verdrängt hat – alle Lebensbereiche der ausgestorbenen Tiere werden wiederhergestellt, und damit auch ihre Rückkehr. All das wird der Mensch wiederherstellen und der Natur ihren Glanz zurückgeben, den sie vor der Industrialisierung hatte.

Ihr werdet erkennen können, dass die Welt all das benötigt, um ihren Glanz wiederzubekommen, denn der Glanz ist aufgebaut auf einer Energie, die von der Natur und vom Planeten selbst ausgeht. Ihr braucht diese Energie, denn sie stellt euren höchsten Schutz dar, um euch vor Einflüssen aus dem Kosmos zu bewahren. Ihr seid es, die diesen Schutz wieder aufbauen werden, denn die Erde hat ihre Lebenskraft stark eingebüßt und wird jetzt von euch wieder mit dem aufgefüllt, was ihr über die ganzen Jahre entnommen und verbraucht habt. All das kehrt zurück und wird euch in eine neue Dimension der Bedeutung eures Planeten bringen. Euer Planet wird zum Stern, und all das wird die Voraussetzung sein, dass ihr als Schöpfer nicht nur auf der Erde tätig sein könnt, sondern dass ihr auch das Universum mit Leben erfüllen könnt.

Wenn ihr all das geschafft habt, dann habt ihr auch in Bezug auf eure Gesundheit einen Meilenstein des Fortschritts erreicht. Ihr habt dann all die Umstände und all die Ursachen für eure unzähligen Krankheiten beseitigt. Ihr habt euch ihrer entledigt und eine Lebensgrundlage geschaffen, auf der eure Seele voll zur Entfaltung kommen und euch den Weg zu eurer schöpferischen Aufgabe weisen wird. Ihr seid es dann, die voll im Einklang mit ihrem Lebensplan und ihrer Selbstdefinition leben. Dann sind die wichtigsten Voraussetzungen für eine gesunde Gesellschaft geschaffen, und ihr könnt euch dann alle darauf konzentrieren, dass die Erde sich weiterentwickeln kann. Eure medizinischen Möglichkeiten versetzen euch in die Lage, eure Körper darauf einzustellen, dass die Einheit gewahrt bleibt und dass durch Einflüsse von außen keinerlei Umstände mehr eintreten, die eure Einheit stören. Das Ergebnis ist eine sehr gesunde Gesellschaft, die lediglich durch die kleineren Erkrankungen begleitet wird, die zum Alltag dazugehören, denn ihr müsst wissen, dass euer Immunsystem immer wieder gewisse Anlässe braucht, um im Training zu bleiben – und so werden sie euch immer begleiten. Die wirklich großen Krankheiten werden euch jedoch zunehmend erspart bleiben, denn die Ursachen dafür habt ihr dann alle ausgelöscht.

Ihr seid diejenigen, die wir dafür vorbereitet haben, all das in die Realität zu bringen. Wir haben euch all das so vorgegeben, damit ihr verstehen könnt, warum gewisse Tatsachen eintreten müssen, und damit ihr erkennen könnt, dass ihr selbst die Verantwortung dafür tragt. Das ist die Hauptsache, die es zu erkennen gilt. Ihr seid diejenigen, die alles erschaffen. Dazu gehören auch eure Krankheiten, doch war euch das bislang das nicht bewusst, und jetzt sollt ihr diese Informationen erhalten, um eure Gesellschaft umzubilden und eure Systeme so aufzustellen, dass ein Ungleichgewicht der Einheit nicht mehr eintreten kann. Ihr sollt das erkennen, und deshalb die ausführliche Beschreibung, damit das System der unheilen Einheit verstanden werden kann. Ihr seid die Schöpfer des ganzen Umstandes, der zur Krankheit führt, und ihr könnt ihn auch wieder beseitigen.

Aufwachen ist heute die wichtigste Herausforderung für euch alle – aufwachen aus der Unkenntnis eurer Abstammung, aufwachen aus der Unkenntnis eures Daseins, aufwachen aus der Unkenntnis der Ursachen für die Lebensumstände, denen ihr ausgesetzt seid. Dieses Erwachen ist jetzt angesagt und ihr werdet es schaffen, denn die Voraussetzungen für den Aufstieg in die 5. Dimension sind geschaffen, und das hilft euch, den Zahn der Zeit zu erkennen und eure Systeme loszulassen und dafür zu sorgen, dass sich neue Systeme, die auf neuen Werten aufbauen, etablieren können.

Wenn ihr das geschafft habt, dann könnt ihr damit anfangen, die Welt völlig neu zu erforschen, denn die Informationen, die euch zur Verfügung stehen sollen, warten nur darauf, von euch im Detail aufgenommen zu werden. Ihr werdet die gesamte Geschichte eurer Erde aufarbeiten und erkennen, dass die Erde aus einem einzigen Grund von euch erschaffen wurde, und diesen Grund wird sie euch verraten, ebenso wie die Erde euch zeigen wird, wie ihr all die Geschöpfe zurückbringt, die in den letzten Jahrzehnten ausgestorben sind. Ihr könnt dies wiederherstellen und euch dann auf das konzentrieren, wofür ihr geschaffen wurdet. Ihr seid Wesen, die sich selbst geschaffen haben, um auf der Erde zu leben, das Leben hautnah zu erfahren und die Umstände für neues Leben zu erschaffen. Und nicht nur auf der Erde, sondern im gesamten Universum – das ist euer Auftrag, und auf den werdet ihr euch konzentrieren.

Alles, was die Menschheit jetzt noch braucht, ist die Unterstützung durch alle anderen Geschöpfe dieser Erde, und die wird sie auf jeden Fall bekommen, denn alle haben verstanden, dass ihr auf der Erde seid, um genau diese Erfahrungen zu machen, und dass ihr über diese Erfahrungen verstanden habt, dass es eure Aufgabe ist, euch um die Weiterentwicklung des Lebens auf der Erde zu kümmern – das ist eure Mission, die ihr zu erfüllen habt, denn es gäbe sonst keinen wirklichen Grund, warum ihr auf diesem Planeten weiter existieren solltet. Es ist das Geburtsrecht, das euch dazu ermächtigt, und dieses Geburtsrecht stellt jedes andere Wesen in euren Dienst. Alle Wesen dieser Erde, egal ob sie einen feststofflichen Körper besitzen oder ob sie nur aus Licht bestehen – sie alle unterstehen eurem Befehl – alle führen diesen umgehend aus und stehen euch mit all ihrem Wissen zur Verfügung. Ihr könnt auf die Naturwesen jederzeit gerne zugreifen – sie werden euch helfen und ihre Erfahrung zur Verfügung stellen. Nehmt sie mit in eure Aktivitäten und sie werden euch gute Dienste leisten – sie sind sehr weise und haben alle zusammen einen klaren Auftrag, der da lautet: Unterstützt die Menschen bei ihrer schöpferischen Tätigkeit. Alle Wesen werden diesem gerne nachkommen und sind selbst Teil eurer Schöpfung.

Das große Erwachen des Schöpfers ist das Thema eurer derzeitigen Epoche, und dies ist wohl das Entscheidende eures aktuellen Lebens. Ihr habt diese Epoche gewählt, um genau das erfahren zu können – es ist eine wunderbare Zeit, die euch derzeit zum Sammeln von Erfahrungen zur Verfügung steht. Nutzt diese Gelegenheit dafür und sammelt die Erfahrungen, die ihr braucht, um schon bald in eurer vollen Schöpfermacht tätig zu werden.

Frage: Du hast in diesem kurzen Kapitel die Kernaussagen des Buches „Die Erde, ein neuer Stern" zusammengefasst – wer über die schöpferischen Fähigkeiten und die schöpferische Tätigkeit des Menschen mehr erfahren möchte, sollte dieses Buch unbedingt lesen! Für mich offen bleibt die Frage nach den Naturwesen – könntest Du uns darüber bitte mehr erzählen?

Antwort: Die Naturwesen sind für euch Menschen keine Unbekannten, denn ihr kennt sie aus vielen Erzählungen und Geschichten. Ihr habt unzählige Bücher über sie geschrieben und dort ihr Wesen recht gut beschrieben. Sie alle haben einen klaren Auftrag, und der lautet: Seid den Menschen behilflich beim Erfahren der Welt in der Getrenntheit und seid ihnen behilflich, den Weg aus diesem Zustand heraus zu finden. Das ist ein Teil ihrer Aufgabe – bald werden sie euch zur Seite stehen, wenn es darum geht, die Welt mit neuem Leben zu erfüllen, denn diese Wesen kennen die Tier- und Pflanzenwelt sehr genau, denn von Anbeginn an leben sie in der Natur und sorgen dafür, dass diese funktioniert. Es gibt genügend Lektüre über die Wesen der Natur und ihr wisst, dass diese aus Licht bestehen und nur sehr schematisch für euch zu erkennen sind. Das geschulte Auge kann sie sehen, doch sehr viel mehr könnt ihr sie spüren, denn sie sind es, die euch einen kalten Schauer über den Rücken jagen, wenn ihr durch einen einsamen Wald geht und von irgendwoher ein Geräusch zu vernehmen ist, das euch erschreckt. Sie sind es, die euch begleiten, wenn ihr durch die Natur wandert, und sie erlauben sich auch manchmal einen kleinen Scherz, denn sie sind sehr fröhliche Wesen und lieben es, euch ein klein wenig Angst einzuflößen, doch tun sie dies nur aus einem Grund – um euch zu zeigen, dass sie da sind.

Alles, was ihr braucht (1)

Wenn sich die Welt von ihrem Schockzustand erholt und die Menschheit begonnen hat, ihr neue Gesellschaftsform zu leben, dann ist die Zeit gekommen, wo die Menschen beginnen werden, sich mit völlig anderen Dingen zu beschäftigen, als sie es bisher getan haben. Die Forscher werden mit neuen Energieformen experimentieren, und die anderen Menschen werden beginnen, sich mit den Aufgaben ihres Schöpfungsauftrages zu beschäftigen. Niemand denkt mehr ans Geldverdienen und keiner macht sich jemals wieder Sorgen um seine Existenz, denn ihr könnt euch darauf verlassen, dass viele andere dafür sorgen, dass es euch an nichts fehlt. Ihr seid es dann, die genug Zeit haben werden, sich um die Aufgabe eines Schöpfers zu kümmern. Ihr habt dann all die Voraussetzungen, die ihr braucht, um all das zu sein, wofür ihr euch selbst erschaffen habt. Alle Voraussetzungen, um ein Leben zu führen, das von der Basis der heilen Einheit ausgeht, und das bedeutet Gesundheit für alle!

Eure Aufgabe hat einige Tücken in sich, denn ihr solltet euch vergewissern, dass eure Schöpfung den höchsten Werten der Göttlichkeit entspricht. Dies ist die Frage, die ihr euch immer wieder stellen müsst, ob denn das alles dem obersten Grundsatz entspricht. Das ist die wichtigste Frage, um die es sich für den Rest eures Lebens auf der Erde immer wieder drehen wird. Dieser Grundsatz ist die heile Einheit, und diese heile Einheit muss in allem stecken, was ihr erschafft. Macht euch das schon jetzt bewusst, denn ihr wisst noch gar nicht, wie groß die Tragweite dieses Grundsatzes ist. Alles, was ihr euch bislang darunter vorgestellt habt, reicht bei weitem nicht aus, um zu erfassen, was sich darin verbirgt. Der Grundsatz aller

Schöpfung beginnt sich erst im Zuge eurer Tätigkeit in seinem vollen Ausmaß zu zeigen, denn dies werdet ihr erst erkennen können, wenn ihr begonnen habt, das Leben neu zu definieren – ein Vorgang höchster Komplexität und höchster Weisheit und Erfahrung. Darum ist er von so großer Bedeutung und genau aus diesem Grund werdet ihr auch nicht alleine gelassen, denn wie ihr wisst, ist das Leben letztlich ein Trainingscamp, um die höchste Göttlichkeit zu erlernen. Dies sollt ihr dann in weiterer Folge immer wieder fortsetzen, auch wenn ihr schon lange nicht mehr auf der Erde lebt. Euer Schöpfungsauftrag wird nie enden, ebenso wie ihr ewig leben werdet. Das muss euch bewusst werden – die Zeit auf der Erde dient lediglich dazu, das Leben selbst am eigenen Leib zu erfahren und aus den Erfahrungen Schlüsse für eure schöpferische Tätigkeit zu ziehen. Seht das Leben eben als solch ein Trainingscamp und es wird viel leichter zu verstehen sein.

Frage: Wenn Du von diesem Trainingscamp sprichst, dann kommt bei mir der Gedanke hoch, dass wir alle viel zu verbissen um unser Überleben kämpfen, uns ständig in Gefahr sehen, dieses zu verlieren, und jeder Einzelne kämpft mit allen Mitteln gegen alle anderen, um sich selbst möglichst gut abzusichern. Unter dem Gesichtspunkt des Trainingscamps erscheint mir unser Verhalten völlig absurd. Was können wir tun, um unsere so tiefsitzende Angst zu überwinden?

Antwort: Alles, was ihr tun könnt, um aus diesem Kreis der Angst auszusteigen, ist, die Tatsache zu akzeptieren, dass ihr unsterblich seid. Dann könnt ihr sehr viel einfacher mit der vermeintlichen Bedrohung, die gar keine ist, umgehen. Ihr könnt zwar euer Leben in Form eines menschlichen Körpers verlieren, doch ist dies nicht so sehr von Bedeutung, wie ihr immer glaubt, denn der Körper ist nur ein Instrument, mit dem ihr das Leben erfahren könnt. Dieser Körper ist so oder so vergänglich, das heißt, ihr habt ihn nur auf Zeit und ihr kennt den Zeitraum auch nicht. Ihr könnt davon ausgehen, dass dieser Körper euch so lange zur Verfügung steht, wie ihr ihn benötigt, um die Erfahrungen zu erlangen, die für diese Inkarnation vorgesehen sind. Und ihr könnt davon ausgehen, dass die Erfahrungen, die ihr machen solltet, auf jeden Fall eintreten. Danach wird euer Körper nicht mehr gebraucht und eure Erfahrungswelt geht in Lichtgestalt weiter, selbst eine erneute Inkarnation ist jederzeit möglich, wenn ihr Sehnsucht nach dem Leben auf der Erde habt. Seid unbesorgt, denn eure Seele und eure Schutzengel werden dafür sorgen, dass ihr all die Informationen bekommt, die ihr benötigt, um auf alle Fälle am Leben bleiben zu können, und ihr werdet auch immer all das bekommen, was ihr zum Überleben benötigt – dafür sorgen eure Begleiter auf jeden Fall, und somit braucht ihr euch keine Sorgen um euer Überleben zu machen, denn das ist auf jeden Fall gesichert – solange es eben vorgesehen ist, und dann wird die Inkarnation enden und bald darauf vielleicht die nächste beginnen, wenn ihr es wünscht. So einfach kann man die Einstellung zu seinem Leben ändern, und so einfach wird es sein, sich von der Angst vor dem Tod zu verabschieden.

Frage: Verstehe ich es richtig, dass wir Menschen von unseren unsichtbaren Begleitern ständig davor bewahrt werden, Schaden zu nehmen, und dass wir, solange wie es vorgesehen ist, leben werden, um unsere geplanten Erfahrungen zu machen, und uns quasi gar nichts passieren kann, weil über uns gewacht wird und wir beschützt werden?

Antwort: Ihr könnt davon ausgehen, dass ihr sehr umsorgt werdet, auch wenn ihr es nicht sehen könnt und die Vorkommnisse vielleicht nicht erkennen könnt, doch sind eure Begleiter ständig dabei, euer Leben in die Bahnen zu lenken, wo sie hingehören, damit die vorgesehenen Erfahrungen auch wirklich gemacht werden können. Das kann euch gewiss sein. Euer Zutun ist oftmals nur in geringem Ausmaß erforderlich, und ihr werdet die Gelegenheit erkennen, wenn ihr gefordert seid, euch entsprechend um etwas zu bemühen. Ihr braucht lediglich wachsam zu sein und auf die Signale zu achten, die euch gegeben werden – sie sind für den wachsamen Geist unübersehbar, doch dürft ihr sie auch nicht negieren, denn dann könnte das Ergebnis natürlich zu eurem Nachteil geraten. Achtet deshalb auf die Signale, die wir euch laufend geben, dann seid ihr auf dem sicheren Weg!

Frage: Mancher könnte daraus ableiten, dass er sich einfach gehen lassen kann, weil die Arbeit sowieso von seinen Begleitern gemacht wird – ist diese Einstellung dienlich?

Antwort: Da hast Du recht, wenn du in Frage stellst, ob diese Einstellung dienlich ist – dazu ist zu sagen, dass ihr natürlich schon gefordert seid, aktiv mitzuarbeiten, um euer Leben zu gestalten – wir nehmen euch nicht die ganze Arbeit ab. Wichtig ist jedoch, zu wissen, dass ihr euch darauf verlassen könnt, dass wir euch Gelegenheiten zuspielen, die ihr braucht, um einen Schritt vorwärtszukommen – tun müsst ihr ihn aber schon selbst.

Frage: Damit wir es auch wirklich richtig verstehen, kannst Du uns im Detail erklären, was genau es bedeutet, den höchsten Werten der Göttlichkeit zu entsprechen?

Antwort: Die Welt braucht eure Einstellung zu euch selbst, und das bedeutet, dass die Welt sich danach ausrichtet, was ihr über euch selbst denkt. Eure Selbstdefinition ist die wichtigste Grundlage für euer Auftreten und für euer Sein. Wenn ihr davon ausgeht, dass ihr ein liebender Mensch seid, der sich einfach darum bemüht, in allen seinen Handlungen und den vorausgehenden Gedanken die Liebe zum Ausdruck zu bringen, dann seid ihr schon auf dem richtigen Weg. Wenn ihr jedoch in euren Gedanken einen Vorteil für euch herausarbeiten möchtet, dann seid ihr von diesem Weg ein Stück abgekommen. Die Liebe zum Ausdruck zu bringen, ist grundsätzlich leicht zu erklären, denn das bedeutet, dass ihr mit euren Handlungen nur ein einziges Ziel erreichen möchtet, und zwar folgendes: das Leben zu lieben, die Entfaltung jedes Einzelnen zu lieben und alle Wesen auf der Erde zu schätzen und ihr höchstes Wohl zu wollen. Das ist das Höchste, das ein Mensch wollen kann. Natürlich kann er sich dabei selbst auch vergessen, doch ist das nicht das Ziel – er darf dabei nicht vergessen, dass er in dieser Liebe nicht nur Einzelne herauspickt, sondern dass er damit alle meint, und zur Gesamtheit zählt er selbst auch. Das ist ein wichtiger Aspekt, den es zu bedenken gilt. Ihr seid Teil des Ganzen, und wenn ihr das Ganze liebt, dann liebt ihr auch euch selbst. Selbstlosigkeit ist zwar eine schöne Tugend, doch ist es nicht von Vorteil, wenn der andere zwar viel Freude empfindet, ihr jedoch schwer gekränkt oder verletzt zurückbleibt. Das ist nicht das Ziel, denn dann gäbe es einen Gewinner und einen Verlierer, und das soll nicht sein – das Ziel ist Gewinn für beide Seiten, dann ist für alle das Bestmögliche dabei herausgekommen. Sucht den Konsens und den Vorteil für beide Seiten, dann werdet ihr euch auch immer einigen können, egal wie weit ihr in euren Meinungen voneinander entfernt seid. Sucht die Gemeinsamkeit, dann werdet ihr zu einem Ergebnis kommen, das für alle einen Gewinn bedeutet und das zudem der höchsten Göttlichkeit entspricht. Wichtig ist dabei, dass dieser Konsens nicht zu Lasten Dritter geht, denn dann gäbe es ja wieder Verlierer.

Wenn die Welt auferstanden ist

Wenn ihr begonnen habt, euch mit dem Thema Schöpfungsauftrag näher zu befassen, dann ist der Tag gekommen, wo ihr die Unterstützung einfordern könnt, von der wir zuvor gesprochen haben. Diese Unterstützung dient dazu, euch die Aufgabe leichter zu machen, zu erkennen, ob etwas dem Grundsatz der Göttlichkeit entspricht, oder ob es noch einiger Anpassungen bedarf. Diese Unterstützung erhaltet ihr von den Naturwesen, von der Mutter Erde und von den Engeln, die euch laufend begleiten. Dazu sind sie da, und letztlich wurden sie von euch dazu erschaffen, dass sie euch in dieser Phase der Entwicklung zur Seite stehen. Ihr habt die Engel bislang zwar als ständige Begleiter an eurer Seite gehabt, doch als solche habt ihr sie nicht wahrgenommen. Ihr wart so weit entfernt mit euren Gedanken, dass ihr niemals auch nur einen Gedanken daran verschwendet hättet, doch nun ist dieses Zeitalter angebrochen, wo ihr in eurem Denken zulasst, dass es die Engel und die nicht sichtbaren Wesen tatsächlich gibt und dass sie euch dienlich sind. Das ist die wichtigste Voraussetzung überhaupt, die ihr mitbringen müsst, um das Leben in seiner vollen Intensität verstehen zu können. „Verstehen" ist auch wieder eines der großen Worte, um die es sich in Zukunft drehen wird. Ihr müsst all diese Zusammenhänge verstehen lernen, damit ihr das Gefühl bekommt, Herr eurer eigenen Schöpfung zu sein.

Es kann sich die Erde so sehr darauf freuen, dass sie bald einen ganz anderen Auftrag hat, als lediglich der Menschheit als Heimat zu dienen. Es ist jetzt soweit, dass die Erde ihrem Auftrag als Ernährer der Menschheit zwar weiter folgt, ihn jedoch um die Komponente der Schöpfung neuen Lebens erweitern kann. Das ist der Auftrag eures Sterns Erde, und er wird mehr als nur glücklich darüber sein, dass er seiner Bestimmung nun endlich folgen kann. Mutter Erde ist es, die darauf wartet, mit euch gemeinsam neues Leben zu erschaffen. Sie ist es, die euch alle bis an diesen Punkt begleitet hat und euch jetzt beistehen will, wenn ihr damit beginnt, eure alten Handlungen zu verstehen, sie rückgängig zu machen und das Leben auf der Erde in neuem Glanz erstrahlen zu lassen. Das ist ihre Freude über ihren Auftrag, und die bringt sie sehr intensiv zum Ausdruck, indem sie wunderbare Geschöpfe hervorbringen wird, die von ihr leben und sich auf ihr ausbreiten können. Die bewusste Zusammenarbeit mit ihr ist das Schönste, was ihr der Erde antun könnt.

Ihr habt den Auftrag angenommen, und ihr werdet ihn auch mit großer Freude ausführen, das möchten wir euch allen mitteilen, damit ihr euch darauf vorbereiten und endlich aufhören könnt, euch Sorgen zu machen über eure Existenz. Das ist eure Bestimmung, und alle Wesen arbeiten zusammen, damit ihr diese Bestimmung erfüllen könnt. Ihr seid einen weiten Weg gegangen, um an diesen Punkt zu kommen – einen langen und mühsamen Weg, voller Ereignisse, die einschneidend waren, doch habt ihr alle letztlich viel daraus gelernt und eine Menge an Weisheit angesammelt, die euch jetzt zugute kommt. Ihr seid es, die als Schöpfer tätig sein werden, und ihr seid es, die dazu auserkoren wurden – das kann ich euch nicht oft genug sagen! Es wird euch vielleicht etwas befremdlich vorkommen, wenn ihr mittlerweile in vielen Büchern zu lesen bekommt, wozu ihr alle auserkoren seid, und dann den Zustand eurer aktuellen Gesellschaft betrachtet, wo man sehr wenig davon erkennen kann. Dieser Umstand ist mehr als traurig für euch, doch gehört er, wie schon gesagt, ebenfalls dazu, damit ihr auch diese Seite als Erfahrung verbuchen könnt. Ihr habt gesehen, wohin es die Menschheit führt, wenn sie sich von ihren höchsten Idealen entfernt, und das soll nie wieder passieren, deshalb habt ihr es so intensiv erfahren dürfen.

Ihr habt die Welt als eine Spielwiese vorgefunden und sie entsprechend benutzt, um die Erfahrungen zu machen, die ihr alle machen wolltet und solltet. Doch hat das jetzt einen Punkt erreicht, wo ihr aufhören müsst, auf ihr herumzutrampeln und sie statt einer Wiese in eine Schlammgrube zu verwandeln. Ihr werdet euch jetzt darum bemühen, dass diese Spielwiese wieder ergrünt und erblüht, damit all die schönen Spiele des Lebens in gesunder Natur möglich sind. Diese Pflege eurer Spielwiese ist jetzt das höchste Gebot, denn sie wird sonst kein schöner Anblick mehr sein, und das wollt ihr alle verhindern. Dann tut dies und hört auf, euch zu benehmen, als ob es kein Morgen mehr gäbe.

Frage: Du hast in diesem Kapitel die wohl allerwichtigste Grundsatz-frage angesprochen – wir sollen endlich glauben, dass es Wesen gibt, die wir nicht sehen können, und wir sollen darauf vertrauen, dass diese Wesen uns nur dienlich sein wollen und nur zu unserem höchsten Wohl handeln. Wie kann ich all das den Menschen beibringen bzw. was tue ich, wenn die Menschen von mir einen Beweis einfordern?

Antwort: Wenn ihr glaubt, dass es die Wesen aus Licht gibt, dann habt ihr euch für das Leben geöffnet, doch wenn ihr dies nicht tut, dann könnt ihr auch nicht in Einklang mit eurer Seele gelangen, denn diese ist ja auch so ein lichtes Wesen – ein wesentlicher Teil eures Seins. Wenn ihr hingegen akzeptiert, dass die Welt des Lichts vorhanden ist und letztlich nur dazu da, um euch zu unterstützen, dann wird es ein Leichtes sein, sich darauf einzulassen. Ihr könnt euch euer Leben so viel leichter machen, wenn ihr akzeptiert, dass wir dazu da sind, um euch zu helfen – nehmt diese Hilfe einfach an, dann wird sie euch zuteil und das Leben kann nur einfacher wer-den. Nehmt ihr sie nicht an, dann wird es entsprechend schwieriger werden, als ihr es sonst haben könntet. Akzeptiert es oder lasst es sein – es ist eure freie Entscheidung, und die kann euch niemand nehmen. Wir wollen euch diese Entscheidung auch nicht abneh-men, denn euer freier Wille ist über allem zu respektieren. Ihr habt es in der Hand, euch zu entscheiden, ob ihr diese Hilfe annehmt oder nicht. Tut ihr es, dann seid ihr auf dem Weg, den ihr euch selbst ausgesucht habt – tut ihr es nicht, dann werdet ihr wahrscheinlich von eurem Weg abkommen und wir werden über verschiedene Ereignisse versuchen, euch wieder auf euren Weg zurückzuführen, denn dazu ist es nicht unbedingt notwendig, dass ihr uns beachtet – wir sind da, egal ob ihr uns beachtet oder nicht – wir sind da und wir werden unseren Auftrag ausführen – egal ob ihr mitmacht oder nicht. Ihr seid diejenigen, die sich entscheiden können, welchen Weg sie gehen, doch müsst ihr zur Kenntnis nehmen, dass ihr euch durch eure Ablehnung voraussichtlich in eine Richtung entwickelt, die euch langfristig zum Nachteil gereichen, denn das Leben hat eine Gesamtrichtung für alle vorgesehen, und wenn ihr davon abweicht, dann wird eure Seele dagegen rebellieren und dafür sorgen, dass Umstände eintreten, die euch ermahnen und die euch klarmachen, dass ihr etwas ändern müsst. Diese Umstände werden euch nicht gefallen – wie wenig, das seht ihr an den vielen Krankheiten, die ihr erschaffen habt. Nehmt dies als Information zu dem, was wir euch grundsätzlich über die freie Entscheidungsmöglichkeit mitgeben – ihr seid in der Lage, euch frei zu entscheiden, die Zeichen, die ihr laufend bekommt, zu negieren und gegen eure Bestimmung zu handeln – das ist eure freie Wahl, doch ist es auf jeden Fall leichter, wenn ihr im Einklang mit eurer Bestimmung lebt und den Weg der Entwicklung aktiv fördert. Vor allem werdet ihr feststellen, was es bedeutet, ein liebevoller Mensch zu sein, und im Vergleich dazu werdet ihr sehen, wie Menschen mit viel Geld und Macht ein unglückliches Dasein führen – so könnt ihr erkennen, wohin euch der Weg des Lichts führt, wenn ihr ihn konsequent weitergeht. Bleibt auf diesem Weg, es kann euch nur zum Vorteil gereichen, auch wenn ihr zwischendurch über Hindernisse steigen müsst, doch wenn euer oberstes Ziel der Ausdruck der göttlichen Liebe bleibt, dann wird es einfach sein, die Hindernisse zu überwinden. Und am Ende steht die große Erkenntnis dessen, was ihr wirklich seid. Das ist das Höchste, was der Mensch erfahren kann, und das möchten wir euch erfahren lassen – darum sind wir hier.

Alles, was ihr braucht (2)

Wenn sich die Welt in Zukunft nicht mehr so sehr um sich selbst kümmern muss, dann hat der Mensch ganz andere Möglichkeiten, um sich mit der Heilung aller Umstände zu beschäftigen, die dazu geführt haben, dass er all die vielen Krankheiten entwickelt hat. Wenn ihr aufhört, euch selbst zu zerstören, dann könnt ihr euch auch wieder damit beschäftigen, was euch gesund macht und was euch auch gesund erhält. Das ist wohl die wichtigste Aufgabe, denn ihr braucht einen gesunden Körper und einen gesunden Verstand, damit ihr eure Aufgabe als Schöpfer ausführen könnt. Das muss euch klarwerden, denn sonst gelingt es nicht in dem Maß, wie ihr es selbst haben wollt oder wie es eurem Auftrag entspricht. Ihr habt es selbst in der Hand, die Entscheidung über Gesundheit oder Krankheit zu treffen, denn ihr seid die Einzigen, die das entscheiden können. Bleibt im Einklang mit eurem Schöpfungsauftrag und eurer Lebensaufgabe, dann seid ihr immer gesund, denn Krankheit ist immer der Ausdruck einer Disharmonie von Lebensauftrag und dem Verhalten, das ihr gerade an den Tag legt. Macht euch das bewusst, denn es gibt nur eine einzige Ursache für die Erscheinungen, die euer Körper hervorbringt!

Alles, was ihr braucht, um der Welt euren vollen Schöpfergeist zur Verfügung stellen zu können, ist ein gesunder Körper, und den schafft ihr selbst durch eure Gedanken und die daraus folgenden Handlungen. Ihr seid als Einzige für all das verantwortlich, und das solltet ihr zuallererst beherzigen, damit ihr aufhören könnt, euch als Opfer zu fühlen, denn die Opferrolle ist zwar manchmal ganz dienlich und man bekommt viel Mitleid von den Mitmenschen, doch hilft euch diese Rolle nicht, die Krankheit wieder loszuwerden. Das ist die entscheidende Erkenntnis für all jene, die sich in dieser Rolle so gut eingerichtet haben. Es widerspricht eurem grundlegendem Auftrag, und deshalb werdet ihr immer noch kränker werden, wenn ihr nicht aufhört, diese Rolle weiter auszubauen. Das ist unter Garantie eine sehr leidvolle Erfahrung, die ihr euch ersparen könnt, wenn ihr aufhört, euch als ein Opfer zu fühlen. Das Opfer sind in Wahrheit alle anderen, denen ihr nicht in vollem Umfang zur Seite stehen könnt, weil ihr krank seid und deshalb für eure Aufgaben nicht oder nur eingeschränkt zur Verfügung steht. Macht euch auch diesen Umstand bewusst, denn ihr seid nicht alleine auf dieser Welt – ihr seid eine Einheit mit allen anderem und darum braucht die Einheit euch!

Wenn der Mensch aufhört, die Krankheiten als etwas Zufälliges zu betrachten, dann hat er bereits den wichtigsten Schritt zu seiner Heilung getan. Krankheiten sind immer vom Menschen verursacht, und diese Ursachen kann auch wieder der Mensch beseitigen, indem er sie herausfindet und wieder in den Einklang mit seiner Seele und seinem Lebensplan zurückkehrt und sich um dessen Erfüllung bemüht. Wenn ihr das verstanden habt, dann seid ihr reif für die nächste und höchste Stufe der Heilung.

Eure Seele ist ein lichtes Wesen und euer wahres Ich! Sie ist es, die den Lebensweg gewählt hat, und sie ist es, die den menschlichen Körper zusammengestellt hat, denn sie hat vor eurer Geburt das Leben ausgesucht, das ihr führen wollt, und damit das Leben gewählt, in dem all jene Erfahrungen vorkommen werden, die ihr braucht, um die nächst höhere Stufe der Erfahrung und Weisheit zu erklimmen. So ist das Leben auf der Erde aufgebaut – ihr kommt hierher, um durch Erfahrungen Weisheit zu erlangen und über diese Weisheit weiter zu wachsen und langsam, aber sicher an den Punkt zu gelangen, der die höchste Ausdruckform der göttlichen Liebe bedeutet. Ihr seid dort angelangt, wenn ihr mit all euren Gedanken und mit all euren Handlungen nur noch ein einziges Ziel verfolgt – den Ausdruck der höchsten göttlichen Liebe zu euch selbst, zu allen anderen Menschen und Geschöpfen auf der Erde und im ganzen Universum. Das ist die höchste Stufe, die es zu erreichen gilt!

Eine Welt, die nichts anderes als die höchste Göttlichkeit zum Ausdruck bringt, das ist das große Ziel, das ihr alle zusammen verfolgt, doch seid ihr derzeit noch ein Stück davon entfernt, denn ihr befindet euch mitten im Prozess der Erfahrung, und deshalb gibt es für euch noch eine Menge zu tun, um dem Ziel möglichst nahe zu kommen. Ihr werdet in dieser Inkarnation das große Ziel noch nicht vollständig erreichen können, denn ihr lebt in einer Epoche, die vom Wandel eures Bewusstseins geprägt ist, und deshalb braucht ihr jetzt auch nicht mehr so viele Erfahrungen, die von der Getrenntheit des Einzelnen von allen und allem anderen geprägt sind. Ihr seid kurz davor, die Getrenntheit zu verlassen, und dadurch habt ihr die Gelegenheit, euer Bewusstsein zu weiten und die neuen Erkenntnisse in eure zukünftigen Handlungen einfließen zu lassen. Das ist der Zeitgeist, dem ihr derzeit unterliegt – ihr steht vor dem Wandel und könnt euch noch nicht vorstellen, was das alles für euch bedeutet, denn der Wandel eröffnet ungeahnte Möglichkeiten für euch alle, und das wird eine wunderbare Erkenntnis mit bleibendem Eindruck in eurer Lebensgeschichte. Diese Inkarnation ist die Inkarnation des Aufstiegs und der Befreiung von der Abhängigkeit und der Befreiung des Geistes von der Angst. Das ist die große Befreiung, auf die ihr zusteuert. Seht den Wandel nicht als Belastung, sondern seht ihn als Befreiung von all dem, was euch bisher eingeschränkt hat. Dann habt ihr die richtige Perspektive für all das, was im Augenblick gerade passiert.

Die Krankheiten, die ihr heute noch zu ertragen habt, sind sehr bald Geschichte, denn ihr könnt darauf bauen, dass euch euer neues Bewusstsein davor bewahrt, wieder so weit von eurem Lebensweg abzuweichen, ihr es heute immer wieder einmal tut. Die Erkenntnis, dass Krankheiten nur eine Störung eurer Einheit sind, kann euch schon vor so ziemlich allen größeren Folgen bewahren. Lebt einfach im Einklang mit eurem Lebensauftrag, dann seid ihr völlig sicher vor allen schweren Krankheiten, die es auf dieser Erde immer noch gibt. Heute ist die Zeit reif, dass ihr erkennt, dass es immer nur eine einzige Ursache für eine Erkrankung gibt, und das muss euch mehr als bewusst werden – ihr habt sie herbeigerufen, auch wenn ihr dies unbewusst getan habt. Ihr seid die Verursacher und ihr habt es so herausgefordert. Kehrt zurück zur Einheit mit eurer Seele, dann wird sich alles von selbst wieder bereinigen. Ihr seid es, die alles hervorgerufen habt, und ihr seid es, die es auch wieder rückgängig machen könnt. Nehmt euch das zu Herzen.

Lasst ab von eurem Ego, lasst ab von eurem Eigensinn und hört auf, Dingen nachzujagen, die es nicht wert sind – macht euch euren Auftrag bewusst, denn es gibt nur einen einzigen Grund, warum ihr hier auf der Erde seid. Er hat nichts mit Reichtum zu tun, er hat nichts mit irgendwelchen sonstigen Besitztümern zu tun, und er hat auf gar keinen Fall mit Macht zu tun – mit Macht, die ihr über irgendetwas oder über irgendjemanden ausübt. Ihr habt die Macht, euch zu entscheiden und eure Fähigkeiten dafür einzusetzen, dass ihr die Liebe Gottes in euch zum Ausdruck bringt – das ist euer Auftrag und nur darum solltet ihr euch kümmern. Macht auf keinen Fall weiter mit euren Auseinandersetzungen, die letztlich nur dazu führen, dass jemand verletzt wird – hört auf, euch zu bekriegen, und Kriege gibt es sehrwohl auch im Kleinen, denn jeder Krieg heißt, dass ihr jemanden verletzen oder vernichten möchtet, und ihr müsst euch klarmachen, dass derjenige, den ihr da verletzt, nichts anderes ist als ein Teil von euch, und somit verletzt ihr euch selbst.

Alles, was ihr braucht, um ein Leben in Einklang mit eurem göttlichen Auftrag zu führen, ist das Bewusstsein um eure Herkunft und euren schöpferischen Auftrag – das ist alles, was ihr braucht, um ein gesundes und angstfreies Leben zu führen. Alles wird machbar, auch wenn es euch im Augenblick unrealistisch vorkommen mag – alles ist machbar, denn die Liebe ist zu allem fähig – sie kann Kriege beenden und sie kann Krankheiten heilen. So könnt ihr das Leben auch betrachten, und ihr werdet herausfinden, dass ihr ein ganz anderes Leben führen könnt, wenn es euch gelingt, euren Geist von den materiellen Dingen dieser Welt abzukoppeln, denn sie haben keinen Wert – keinen Wert für das wahre Ich des Menschen.

Gott kennt keinen Reichtum, ausgenommen den Reichtum der Liebe, das ist sein einziger Maßstab, der für ihn von Bedeutung ist, und wenn ihr das beherzigt, was ihr seid, dann könnt ihr euch an eurem eigenen Maßstab aufrichten und euch so verhalten, wie ihr es euch von Anfang an als das höchste Ziel vorgenommen habt. Kehrt zurück in die Einheit mit allem und ihr werdet zurückkehren in eine Welt voll Liebe und gegenseitigem Verständnis. Seid eine Einheit mit euch selbst – seid eine Einheit mit euren Mitmenschen – seid eine Einheit mit eurer Natur und eurem Planeten und seid eine Einheit mit dem ganzen Universum, dann seid ihr eine Einheit mit Gott und ihr seid Gott, der Schöpfer von allem, was ist!

Ihr seid heute nur noch einen kleinen Schritt von diesem Bewusstsein entfernt, denn das Leben auf der Erde sieht einem großen Wandel entgegen. Ihr habt alle bereits verstanden, dass sich euer Leben grundlegend verändern muss, damit all das, wovon ihr träumt, in Erfüllung gehen kann. Viele von euch glauben, dass das Leben eine Art Prüfung ist, die euch auferlegt wurde, um eure Leidensfähigkeit zu testen – das ist ganz und gar falsch, denn wann immer ihr leidet, dann hat dies seine Ursache in den Umständen, die ihr selbst geschaffen habt. Ihr habt euch selbst in die Situation gebracht, und ihr könnt euch selbst auch wieder da herausholen. Vertraut auf eure Fähigkeiten als Schöpfer und sendet all die Gedanken aus, die euch dabei behilflich sind, euch wieder ganz gesund zu machen. Seid alle das, was ihr immer schon gewesen seid – seid ein liebevoller Schöpfer und trachtet danach, die Liebe in euch zum Ausdruck zu bringen, dann wird es kaum einen Grund geben, euch mit einer Krankheit zu konfrontieren. Krankheit ist immer ein Zeichen von mangelnder Liebe – das kann die Liebe zu euch selbst oder zu anderen Wesen sein – auf jeden Fall bedeutet es einen Mangel. Dieser Mangel muss aufgefüllt werden, damit die Liebe wieder voll und ganz in Erscheinung treten kann, und dann seht ihr euch einem Leben gegenüber, das von Liebe und Gesundheit geprägt ist. Seht dieses Leben als euer großes Ziel, und es wird euch leichtfallen, euch dementsprechend zu verhalten, denn eure Gedanken sind schöpferischer

Natur. Nutzt dieses schöpferische Werkzeug, um genau das zu erreichen, worum es im Leben wirklich geht.

Frage: Nachdem so viele Menschen unter schweren Krankheiten leiden, müssen sich sehr viele in Unkenntnis und dadurch in Disharmonie mit ihrem Lebensauftrag befinden. Ich bin in der glücklichen Lage, mit euch Engeln, meinen geistigen Führern, meinem höheren Selbst in Kontakt treten zu können und liebevolle Führung zu empfangen – wie können das all die anderen Menschen erfahren, die diese Möglichkeit noch nicht für sich entdeckt haben?

Antwort: Ihr Menschen seid mit dem Werkzeug eurer Wahrnehmung reichlich ausgestattet worden – es liegt an euch, wie ihr dieses Werkzeug einsetzt, ob ihr euch laufend von gewissen Unterhaltungsmedien beeinflussen lasst und euren Geist benebelt oder ob ihr euch die Ruhe und die Muße gönnt, um in euch selbst hineinzuhören, denn da liegt die Antwort auf all eure Fragen. Ihr seid nur leider nicht geübt darin, eure inneren Botschaften zu empfangen und sie richtig zu deuten und daraus euer Handeln abzuleiten. Hört einfach auf eure innere Stimme und hört einfach auf das Gefühl, das euch euer Gewissen verrät, dann seid ihr alle gut aufgehoben, denn wir senden auf den unterschiedlichsten Kanälen, damit ihr uns auf jeden Fall empfangen könnt. Diese Sendung erfolgt nicht immer in Form von Worten – ihr könnt die Energie spüren, ihr könnt das Gefühl erkennen, ob ihr euch dabei wohl fühlt oder ob es euch Unbehagen bereitet – wann immer ihr eine Frage stellt, die euch beschäftigt, dann werdet ihr Antwort bekommen, doch müsst ihr eure Sinne wieder schärfen und darauf hören, was euch euer Gefühl sagt. Ihr bekommt die Antwort, und dann werdet ihr alles so entscheiden können, wie es eurem Innersten entspricht. Das Ergebnis wird dann dem entsprechen, wie es für euch vorgesehen ist, und wenn ihr dann auch noch bei euren Gedanken und Fragen die höchste Göttlichkeit als oberste Absicht berücksichtigt, dann werdet ihr auf jeden Fall zum richtigen Ergebnis und zur richtigen Handlung kommen. Mehr braucht ihr nicht, und das könnt ihr alle! Ihr könnt natürlich alle das Channeling erlernen und direkt mit uns sprechen, doch ist das nicht unbedingt notwendig – indem ihr unsere Existenz akzeptiert, werdet ihr ohnedies viel offener sein für alle Botschaften, die wir euch auf die unterschiedlichste Art und Weise zukommen lassen. Hört einfach darauf und ihr seid auf dem richtigen Weg!

Frage: Mir fällt auf, dass gerade die Menschen, die von ihrem Verhalten her zu erkennen geben, dass sie ganz und gar nicht den Ausdruck der höchsten Göttlichkeit anstreben, besonders lange leben, ihr Umfeld tyrannisieren, oftmals auch von viel Geld umgeben sind und die Macht in Händen halten. Ich spreche nicht nur von Diktatoren einiger Länder, sondern ich spreche auch von einigen Firmenchefs oder gar Mitgliedern unserer Familien. Das erzürnt viele von uns, und dennoch müssen wir machtlos zusehen, wie diese ihr Treiben fortsetzen und auf Kosten der anderen eine gewisse Art der Befriedigung erlangen. Warum ist das so, und wie verhalten wir uns richtig, um diese Menschen „auf den Weg" zu bringen?

Antwort: Wenn ihr in die Situation kommt, dass ihr von Menschen tyrannisiert werdet oder sie Druck und Macht auf euch ausüben und ihr es auf gar keinen Fall weiter dulden wollt, dann habt ihr viele Möglichkeiten. Ihr könnt euch gegen diese Menschen auflehnen, ihnen mit Gewalt begegnen und auf diese Art klarmachen, dass ihr Verhalten unangebracht ist. Das entspricht dem Prinzip: „Wie du mir, so ich dir". Weiter könnt ihr sie mit Verachtung bestrafen und ihnen keinerlei Beachtung schenken, so lange bis sie so wütend geworden sind, dass der Streit eskaliert. Ihr könnt sie auch noch mit anderen Möglichkeiten bestrafen, um ihnen vor Augen zu führen, dass ihr Verhalten unangebracht ist. Ihr habt darüber hinaus noch eine Vielzahl von Möglichkeiten entwickelt, wie ihr euch dagegen auflehnen und Widerstand leisten könnt. Ihr solltet jedoch von all diesen Dingen Abstand nehmen, denn es führt letztlich nur zu noch mehr Tyrannei und zu noch mehr Druck und Machtausübung.

Dieses Verhalten ist euch somit ganz und gar nicht dienlich. Nehmt Abstand davon, denn es macht die Sache nur schlimmer. Wenn ihr weise handelt, dann fragt diesen Menschen, was er mit seinem Handeln bezweckt, damit ihr die Hintergründe erfahren könnt, was ihn dazu bewegt hat, diese Möglichkeit zu wählen, um sein Ziel zu erreichen. Wenn er euch dies gesagt hat, dann könnt ihr davon ausgehen, dass dieser Mensch bereits begonnen hat, zu realisieren, dass sein Verhalten unangebracht war, und er bereits andere Wege sucht, um zum gleichen Ergebnis zu kommen. Ihr habt dann natürlich noch ein Stück Arbeit vor euch, doch sollte es euch gelingen, den Menschen davon zu überzeugen, dass es viel vernünftiger wäre, einen Konsens zu finden, denn ihr solltet ja letztlich ein gemeinsames Ziel verfolgen, und dieses gemeinsame Ziel sollte euch beiden einen Gewinn bringen. Das sollte euer Bestreben bleiben, und auch wenn mancher vielleicht nicht gleich verstehen kann, dass er auch andere Optionen wählen könnte, die für alle Beteiligten von Vorteil sind, dann gebt so lange nicht auf, bis er verstanden hat, dass es nur Gewinner geben darf, damit etwas wirklich zielführend ist. Alles andere ist langfristig zum Scheitern verurteilt – das müsst ihr ihm klarmachen und ihm Vorschläge unterbreiten, wie er zu seinem Ergebnis kommen kann, ohne dass die anderen darunter leiden. Das mag vielleicht etwas einfach klingen, wenn das so in diesem Buch geschrieben steht, doch ist es letztlich der einzige Weg, um die höchste Göttlichkeit in euch zum Ausdruck zu bringen. Macht ihm klar, dass es nur zum Besten aller ist, wenn ein anderer Weg gefunden werden kann.

Frage: Wir alle sind emotionale Menschen, und logischerweise empfinden wir bei Ungerechtigkeiten entsprechende Emotionen und entwickeln Gedanken, die durchwegs als negativ bezeichnet werden können. Wie schaffen wir es trotz der Verletzungen, die uns zugefügt wurden, diese Emotionen zu unterbinden und stattdessen die Liebe in unseren schöpferischen Gedanken zum Ausdruck zu bringen?

Antwort: Ihr alle habt Emotionen und das aus gutem Grund, denn diese Emotionen sollen euch klar und deutlich anzeigen, ob etwas dem höchsten Göttlichen entspricht oder nicht. Die Emotionen, von denen du sprachst, zeigen euch, dass dem nicht so ist, und deshalb sind sie geschaffen worden, damit ihr dies erkennen könnt. Doch solltet ihr euch von diesen Emotionen nicht hinreißen lassen, sofort zum Gegenschlag auszuholen, denn das führt letztlich, wie zuvor dargestellt, zu gar nichts. Nehmt diese Emotionen wahr und zögert einen Augenblick mit eurer Reaktion – das ist die Zeit, die ihr braucht, um euch auf eure tiefste innere Überzeugung zu fokussieren, damit ihr erkennen könnt, dass diese Reaktion entgegen eurer Überzeugung von einem in tiefster göttlicher Liebe lebenden Menschen wäre. Das solltet ihr zuvor erkennen, und dann stehen euch die Möglichkeiten offen, euch anders zu verhalten. Wenn ihr dann noch in der Lage seid, dem Gegenüber klarzumachen, was er bei euch soeben ausgelöst hat, habt ihr schon gewonnen, denn dann begreift er, dass er mit seiner Handlung nicht erreicht, was er bekommen möchte.

Frage: Was tun wir, wenn wir einem Menschen begegnen, der aus purer Lust an der Gewalt versucht, uns zu schaden?

Antwort: Wir haben es dann mit einem Menschen zu tun, der von der Veränderung auf der Erde noch kaum etwas mitbekommen hat. Eine verirrte Seele, die keine Vorstellung davon hat, was sie alles noch auf der Erde erwartet. Solche Menschen sind sehr bedauernswert, denn ihnen fehlt jegliche Perspektive für ihr Leben. Das hat zu all dem geführt, was ihr Gewalt und Terror nennt, doch es gibt sie, und deshalb ist es richtig, sich mit der Strategie zu befassen, wie man solchen Menschen begegnet. Ihr habt natürlich auch hier wieder die gleichen Möglichkeiten wie zuvor dargestellt, auch wenn es etwas mehr Überzeugungskraft benötigen wird. Wenn dies jedoch nicht zum Ergebnis führt, dann könnt ihr diesem Menschen klarmachen, dass er letztlich immer eine Reaktion auf sein Verhalten bekommen wird – das Gesetz der Resonanz wird ihn letztlich irgendwann einholen und ihm das Ergebnis vor Augen führen. Es werdet nicht ihr sein, die dafür verantwortlich sind, dass das Gesetz der Resonanz wirkt, doch werdet ihr versuchen, es ihm klarzumachen.

Das Ego an seinen wahren Platz stellen

Wenn ihr all diese Zusammenhänge in ihrer ganzen Tragweite erkannt habt, dann habt ihr damit die wichtigste Lektion für eure Gesundheit gelernt. Und ihr könnt nun einen Schritt weitergehen und erkennen, dass die Gesundheit eures Körpers, obwohl sie von so vielen Aspekten abhängt, doch letztlich immer wieder an einen einzigen Ausgangspunkt zurückführt – zu eurer Seele.

Diese Welt ist voll von Überraschungen und ihr könntet sie alle erfahren und das Leben als solches viel intensiver genießen, wenn ihr euer Ego ausschalten und euer Leben völlig frei von Gedanken an euren persönlichen Vorteil leben würdet. Ihr könnt nur davon profitieren, wenn ihr aufhört, euer Ego zu befriedigen, denn es spielt sich letztlich nur in den Vordergrund, damit es von euch wahrgenommen wird und ihr euch darum bemüht, dass es seine Befriedigung erfährt. Es ist von größter Wichtigkeit, dass ihr es beiseite lasst und ihm zu verstehen gebt, dass es sich zurückziehen soll, um Platz zu machen für euer neues Leben im neuen Bewusstsein über eure Herkunft und eure Aufgabe hier auf der Erde. Es ist für euer Ego nicht wichtig, dass ihr etwas zu erledigen habt, das euch viel wichtiger erscheint – es will auf jeden Fall gehört werden, damit ihr unter allen Umständen nach seinem Willen handelt und euch selbst eine Bestätigung verschafft, dass ihr die Besten seid und dass ihr alles andere besiegen könnt. Das ist das Grundelement der inneren egoistischen Neigung, die in euch allen steckt.

Ihr könnt das alles sehr viel ruhiger angehen, wenn ihr dem Ego erklärt, dass es unangebracht ist, sich dauernd in den Vordergrund zu spielen und zu verhindern, dass ihr zum Wohle eines größeren Ganzen handelt. Das Ego kennt sich in Bezug auf diese höhere Aufgabe nicht aus, denn es kennt letztlich nur ein einziges Interesse – sich selbst zu befriedigen. Das Ego ist so etwas wie ein kleines Männchen, das sich immer groß aufspielt und immer am lautesten von allen ruft und von euch verlangt, gehört zu werden. Das Ego ist der größte Verhinderer alles Höheren und aller Handlungen, die zum Wohle der Gemeinschaft gedacht sind. Das Ego hindert euch permanent daran, und deshalb braucht ihr es nicht mehr.

Wenn ihr aufgehört habt, laufend euer Ego zu befriedigen, dann wird es möglich sein, dass ihr euch von diesen niederen Gedanken und Handlungen verabschiedet. Euer Ego wird dann letztlich immer kleiner und ruhiger werden und sich zurückziehen in euer Innerstes und wird dort den Platz einnehmen, den ihr ihm zuweist. Legt es nicht völlig beiseite, denn es kann für euch eine andere Aufgabe übernehmen – z.B. euch vor Möglichkeiten, die euch schaden könnten, zu warnen, denn das ist die eigentliche Aufgabe eures Ego – es sollte euch letztlich nur dazu dienen, um euch zu warnen vor Einflüssen und vor Aufgaben, die euch nicht gut tun und die langfristig eurem höheren Auftrag widersprechen. Dazu könnt ihr es einsetzen, doch darf es nicht mehr so viel Macht über euch erlangen, dass ihr laufend damit beschäftigt seid, die Vorhaben des inneren Egos zu unterstützen. Nehmt es als Herausforderung, das Ego in euer Innerstes zu verbannen und ihm die Macht zu nehmen, damit ihr frei werdet für eine höhere Aufgabe, die der gesamten Menschheit dienlich und für das ganze Universum vor Vorteil ist. Das sind eure wahren Aufgaben – findet solche Herausforderungen und lasst euch von eurem Ego nicht mehr daran hindern, denn es will letztlich nur euren eigenen Vorteil verwirklicht sehen, und darum geht es wirklich nicht mehr!

Alles, was ihr braucht, damit ihr euer Ego unter Kontrolle bringt, ist in euch vorhanden – ihr braucht dazu letztlich nur eine einzige Sache, und zwar den absoluten Willen, euer Leben einer höheren Aufgabe zu verschreiben. Ihr habt alles in euch zur Verfügung, damit ihr eurem Ego klarmacht, dass es jetzt um andere Dinge geht, die sehr viel wichtiger und sehr viel wertvoller sind. Deshalb muss es lernen, stillzuhalten und euch lediglich dann eine Information zu geben, wenn etwas nicht zu eurem höchsten Wohl geraten ist – lediglich dann soll es sich melden und ihr werdet es bemerken, wenn ihr die Information bekommt. Die alten Verhaltensmuster könnt ihr dann alle loslassen und euch davon verabschieden. Das ist die wichtigste Lektion, die ihr lernen müsst, damit ihr in der Lage seid, euch um das höchste Wohl aller zu bemühen. Das ist die Voraussetzung, denn ohne diese Bannung des Egos an eine innere Aufgabe wird es euch nicht möglich sein, das Leben neu auszurichten. Ihr habt dann die Möglichkeit, euch auf Dinge zu konzentrieren, die nicht mehr von eurem Ego gesteuert werden, sondern es wird möglich, dass ihr euch um die wahren Werte eurer neuen Gesellschaft kümmert. Das ist dann eure Herausforderung, und diese Aufgabe bringt euch so viel mehr Erfüllung als ein kleiner Sieg hier und ein wenig mehr da – alles wird in seiner Bedeutung völlig anders bewertet werden, und das Ergebnis wird letztlich immer von Vorteil für alle zusammen sein.

Verhaltet euch künftig im Sinne des größeren Ganzen, dann seid ihr in der Lage, all das zu verstehen, was eure neue Gemeinschaft ausmacht. Ihr seid jetzt eine Einheit und nicht mehr ein Haufen einzelner Individuen, wo sich jeder nur um seinen eigenen Vorteil bemüht – ihr seid eine Einheit, die sich um das Wohl der gesamten Einheit bemüht und dabei keinen vergisst! Alle sind darin eingeschlossen, niemand bleibt draußen und absolut alle helfen allen, damit alle die gleiche Basis und dieselben Möglichkeiten haben, um ein erfülltes Leben zu führen. Das ist eure Aufgabe, und das bedeutet es, ein Teil des Ganzen zu sein.

Frage: Es mag Menschen geben, die jetzt behaupten, dass das Aufgeben des Ego eine Identitätskrise auslöst – ist das so?

Antwort: Wenn die Menschen begonnen haben, sich mit dem Ego zu beschäftigen, dann ist der Weg frei für eine neue Identität. Dies ist ein sehr wichtiger Prozess, den alle Menschen durchlaufen und alle aktiv fördern sollen, damit die Erkenntnisse daraus eine neue Identität hervorbringen und die Zukunft auf keinen Fall an den Identitäten der Vergangenheit scheitert. Ihr könnt euch vorstellen, dass es eine grundlegende Veränderung eurer Gesellschaft bedeutet, wenn ihr plötzlich alle aufhört, euch um euren persönlichen Vorteil zu kümmern und stattdessen um das Wohlergehen aller bemüht seid. Die Identität eines Menschen bezieht sich immer auf seine Selbstdefinition, und das mag ein Prozess sein, den viele vielleicht noch nicht bewusst durchgestanden haben, weil sie sich nicht so intensiv mit sich selbst beschäftigt haben. Das ist eure große Herausforderung, der ihr euch stellen müsst. Ihr tut dies bereits heute völlig unbewusst, weil ihr gefordert seid, euer Denken umzustellen, da euch die Veränderungen dazu veranlassen. Ihr werdet diesen Prozess als sehr heilsam empfinden, und deshalb werdet ihr ihn auch sehr fördern. Eine Krise eurer Identität habt ihr bereits jetzt, denn ihr spürt, dass euer Verhalten auf Dauer nicht zu den Ergebnissen führt, die ihr braucht, um euer Leben auf der Erde in dieser Form fortzuführen. Eine Identitätskrise bewirkt immer einen Wandel, und in diesem Wandel steckt ihr im Augenblick alle! Wenn ihr ihn unterstützt, dann könnt ihr sehr schnell das erreichen, wozu ihr bestimmt seid – alle, die ihn nicht fördern, werden langsam, aber sicher durch verschiedenste Ereignisse gefordert werden, aufzuhören, an der alten Struktur ihres Egos festzuhalten. Dies mag vielleicht nicht immer sehr erfreulich sein, doch die Erkenntnis kommt mittelfristig bei allen, und dann wird es umso intensiver erfahren werden können, was es bedeutet, sich von seinem alten Ego zu verabschieden.

Frage: Wie macht man das, sich aktiv von seinem Ego zu verabschieden und ihm eine andere Aufgabe zuzuteilen?

Antwort: Ihr könnt das ganz einfach machen, indem ihr euch zurückzieht und euch mit eurer Persönlichkeit beschäftigt – geht in euch und gebt eurem Ego ein völlig neues Gesicht – zeigt ihm seine neue Aufgabe, sich darauf zu beschränken, euch dienlich zu sein, wenn gewisse Ereignisse nicht zu eurem höchsten Wohl geraten. Erst dann soll es sich melden und euch lautstark darauf hinweisen, dass ihr euch in diese Angelegenheit besser nicht einmischt oder euch mit diesen Umständen nicht weiter beschäftigt, da sie euch nicht dienlich sind. Ihr könnt das ganz einfach tun, indem ihr euer innerstes Ich auffordert, das Ego zu verändern und die Einsicht einfließen zu lassen, dass ihr ein Teil von allem seid und euch entsprechend zum Wohle des größeren Ganzen verhalten wollt, da es eure Bestimmung ist, diesen Teil des Ganzen zu dem zu machen, was er schon immer sein sollte – ein liebevoller Schöpfer, der für das Gemeinwohl arbeitet und persönliche Vorteile nicht mehr sucht. Das ist der Auftrag, den ihr eurem Innersten geben müsst, um das zu erreichen. Das ist eine innere, mentale Übung – ein Dialog zwischen eurem Verstand und eurem Innersten. Führt ihn und ihr werdet erkennen, dass es sehr einfach ist, diesen Dialog zu dem Ergebnis zu führen, das ihr beabsichtigt.

Ihr könnt es selbst tun

Die Welt braucht uns in Wahrheit nicht, denn ihr seid in der Lage, euch selbst die Veränderungen aufzuerlegen, die notwendig sind, um den Wandel in eurer Gesellschaft durchzuführen. Ihr braucht uns nicht, denn es ist eure freie Entscheidung, die Welt dahingehend zu verändern, dass ihr ein für allemal erkennt, dass ihr alle zusammengehört und dass es nichts gibt, was euch jemals trennen kann. Ihr seid diese Einheit, und in dieser seid ihr alle beschützt, indem das Kollektiv dafür sorgt, dass diese Einheit unter allen Umständen erhalten bleibt. Nichts und niemand kann diese Einheit jemals auseinanderbringen!

Wenn ihr aufhört, euch als das zu fühlen, was man ein einzelnes Individuum nennt, dann habt ihr die besten Voraussetzungen dafür geschaffen, um dieses Kollektiv herzustellen. Ihr könnt euch nicht vorstellen, wie mächtig ihr im Kollektiv seid – ihr könnt für immer alles Negative aus dieser Welt verbannen und eure Gemeinschaft dazu benutzen, um nur noch die höchste Göttlichkeit in euer Leben einziehen zu lassen. Dazu seid ihr imstande, und dazu werdet ihr immer fähig sein, denn das Kollektiv ist die größte Macht im Universum. Macht euch das bewusst und ihr könnt für immer ein Leben nach den grundlegenden Richtlinien der höchsten Göttlichkeit führen – dazu seid ihr auserkoren bzw. habt ihr euch selbst erschaffen!

Macht weiter in eurer Entwicklung und ihr seid sehr bald dort angekommen, wo ihr schon immer hinkommen wolltet. Ihr seid die Schöpfer von allem, was ist, und das müsst ihr euch bewusst machen, damit ihr all das rückgängig machen könnt, was ihr auf der Erde angestellt habt, um die Erfahrungen zu sammeln, die ihr jetzt als bewusster Schöpfer benötigt. Macht euch das bewusst und handelt danach, doch zuvor stellt euer Selbstbewusstsein vom einzelnen Individuum auf das kollektive Gesamte um – ihr seid ein Teil des Kollektivs, und als solcher müsst ihr euch definieren, dann kann nichts mehr schiefgehen und die Erde erfährt eine neue Blütezeit.

Die Welt braucht keine Unterstützung auf diesem Weg, denn ihr Menschen könnt das alles selbst tun! Ihr braucht keinerlei Hinweise mehr, denn hier ist jetzt alles gesagt, was ihr tun sollt, um dieses Ziel zu erreichen. Ihr könnt jetzt langsam, aber sicher damit beginnen, euer Selbstverständnis zu hinterfragen, ihr braucht sonst keinerlei Unterstützung – es ist alles vorhanden. Macht einen Ausflug in euer Innerstes und hinterfragt euer Wesen als Gesamtes, und ihr werdet feststellen, dass es eine viel größere Macht verleiht, sich als Teil eines viel größeren Ganzen zu fühlen, als lediglich als ein einzelnes Individuum, das von allen anderen getrennt um sein Überleben kämpft. Das ist die große Herausforderung, vor der ihr steht, und die könnt ihr sehr einfach bewältigen!

Ihr könnt heute die Tragweite dieser Veränderung schwer einschätzen, da ihr die Möglichkeiten des Kollektivs noch nicht bewerten könnt. Ich kann euch versichern, dass ihr die schönste Veränderung eures Lebens bewirken könnt, die auf der Erde überhaupt möglich ist. Ihr seid zu all dem fähig und zwar deshalb, weil ihr es genau so selbst erschaffen habt! Macht weiter mit eurer Erkenntnis und fahrt fort in eurer Entwicklung hin zum großen und machtvoll schöpferischen Kollektiv, dann seid ihr auf dem Weg, das zu werden, was ihr in Wahrheit schon immer gewesen seid.

Frage: Das klingt alles so wunderbar einfach und logisch, doch frage ich mich, wie die Menschheit es schaffen kann, sich in ihrem Bewusstsein so umzustellen, dass jeder bereit ist, sein Ego aufzugeben und sich als Teil des Kollektivs zu fühlen und auch so zu handeln. Das ist der Teil, der mir nach wie vor schwer vorstellbar ist – wie können wir das schaffen, bzw. sollte ich besser fragen, wie werden wir das anstellen, um das zu erreichen, denn ich entnehme den Ausführungen von Erzengel Gabriel und von dir, dass es keinen Zweifel daran gibt, dass es so eintreten wird wie hier und in den anderen beiden Büchern beschrieben?

Antwort: Es ist völlig korrekt, wenn du sagst, dass es keinen Zweifel daran gibt, dass es so eintreten wird! Alle diese Informationen dienen euch lediglich dazu, dass ihr verstehen könnt, was auf euch zukommt und in welchem Prozess ihr euch befindet. Das ist alles nur für euch im Vorfeld gedacht, damit ihr verstehen könnt und damit ihr es leichter habt, diesen Wandel zu vollziehen. Ihr seid mitten in diesem Prozess, der zum Ende des Jahres 2012 seinen Höhepunkt erreicht haben wird. Bis zu diesem Datum werden immer mehr Menschen ihr Bewusstsein umstellen und sich als Teil des Ganzen definieren. All jene, die bis zum Schluss damit warten, sich mit dieser Thematik zu beschäftigen, werden wie bei vielen anderen Ereignissen auf der Erde völlig davon überrollt werden und können sich erst nach dem erfolgten Aufstieg mit der neuen Thematik beschäftigen, was für diese Menschen sehr anstrengend sein wird, da sie dann die Informationen in sehr geballter Form vorfinden werden und sie verarbeiten müssen. Ihr habt euch genau diesen Wandel gewünscht, und es war uns natürlich Befehl, euren schöpferischen Auftrag genau zu diesem Moment auszuführen. Ihr habt es so gewollt, dass wir euch auf diesem Weg begleiten, dazu habt ihr uns erschaffen! Wir sind deshalb hier, und nur deshalb hast du dieses Buch geschrieben, damit die Menschheit verstehen kann, was jetzt auf sie zukommt und wie groß die Tragweite dieser Veränderung in euren Köpfen ist. Es ist die wunderbarste Veränderung, die der Menschheit im Laufe ihrer Entwicklung überhaupt möglich ist. Das ist jetzt der Fall, und darauf könnt ihr euch alle freuen.

Frage: Mir geht es jetzt so wie wahrscheinlich den meisten Lesern an dieser Stelle – ich bin überwältigt von der Vorfreude auf diese Veränderung unseres Lebens und sehne den Tag herbei, an dem dies alles Wirklichkeit wird. Mich beschäftigt jedoch die Frage, wie ich all den Skeptikern gegenübertrete, die es heute noch so zahlreich gibt?

Antwort: Sag den Menschen, dass sie etwas Großartiges verpassen, wenn sie den Weg nicht mitgehen und erst zu einem späteren Zeitpunkt vor der Tatsache stehen, dass plötzlich alles ganz anders ist und sie erst dann realisieren müssen, was zwischenzeitlich alles passiert ist. Sie werden außerdem die Veränderung nicht als freudiges Ereignis erfahren, sie werden dies eher als belastend und teilweise schmerzhaft empfinden und erst später die volle Tragweite erkennen können. Das ist im Wesentlichen alles, was du tun kannst, um den Menschen klarzumachen, dass sie sich auf einen Prozess einlassen sollen, um ihn als freudige Veränderung zu erfahren, andernfalls werden sie die Freude daran vermissen und erst durch die Erfahrungen der nächsten Zeit schmerzhaft erfahren, dass sie ein ganz anderes Wesen sind, als sie bisher geglaubt haben.

Frage: Ich kann mir vorstellen, dass es sehr viel Widerstand geben könnte, wenn die Veränderungen und die angekündigten Ereignisse der nächsten Zeit unsere Systeme ins Wanken bringen. Wie werden die Menschen, insbesondere die Machthaber, darauf reagieren?

Antwort: Ihr werdet sehr bald erleben, dass der Widerstand der Bevölkerung gegen die Machthaber sehr groß werden wird, da deren Machenschaften keine Unterstützung mehr finden. Dieser Widerstand wird dazu führen, dass ihr aufsteht und ihnen klarmacht, dass ihr das so auf keinen Fall mehr wollt und dass ihr möchtet, dass die Macht auf alle aufgeteilt wird. Das ist euer tiefstes Bestreben, und es wird von Erfolg gekrönt sein. Ihr habt natürlich mit Machthabern zu tun, die gerne an der Macht bleiben und auf jeden Fall die Menschheit weiter kontrollieren möchten, um ihren eigenen Vorteil daraus zu ziehen. Dies wird ihnen nicht gelingen, denn der Druck wird einfach viel zu groß werden, und es werden die Systeme der Reihe nach zusammenbrechen, die den Mächtigen den Erhalt ihrer Macht sichern sollten. Das werdet ihr alles auf eine friedliche Art und Weise erreichen können, doch müsst ihr euch auch vor Augen halten, dass ihr bereits sehr weit im Bewusstsein fortgeschritten seid und dass ihr es deshalb nicht mehr vertreten könnt, dass diesen Machthabern etwas zuleide getan wird, denn auch sie sind Teil des Kollektivs, und auch sie wollen dort abgeholt werden, wo sie gerade stehen, um in den Prozess eingebunden zu werden. Das ist wichtig zu beherzigen, denn ihr seid alle eine Einheit, auch wenn mancher dies noch nicht verstanden und verinnerlicht hat. Das solltet ihr beherzigen, denn die Welt braucht keine Machthaber mehr, und sie braucht aber auch keine weiteren kriegerischen Auseinandersetzungen, denn das würde letztlich auch nur gegen das Kollektiv gerichtet sein, und das wollt ihr auf keine Fall mehr zulassen.

Frage: Kannst Du für uns die Schritte des Aufstiegsprozesses noch einmal zusammenfassen?

Antwort: Ihr könnt davon ausgehen, dass sich die Welt in den nächsten Monaten immer mehr von den alten Vorgehensweisen abkehrt und dass sich die Menschen von den Machthabern distanzieren. Es wird euch zu Hilfe kommen, dass sich sehr viele Ereignisse einstellen, die einerseits das Bewusstsein der Menschen erschüttern und weiter in die Einheit hineinbringen, und andererseits werdet ihr euch auf die Enthüllung vieler Machenschaften der Reichen und Mächtigen einstellen können, die diese von der Macht vertreiben und sie in einen bedeutungsloseren Zustand versetzen. All das wird einerseits die Machtverhältnisse bereits bereinigen und andererseits dazu beitragen, dass immer mehr Menschen aufstehen und sich gegen das System auflehnen – alles auf eine friedliche Art und Weise und alles nur zu dem einen Zweck – der Erlangung der Einheit des Kollektivs. Die Machtkonzentrationen werden langsam, aber sicher aufbrechen, da der Widerstand viele Systeme zum Erliegen bringt, worauf sich die Mächtigen gestützt haben. Dann macht die Entwicklung einen großen Schritt vorwärts, indem bereits Alternativen zum derzeitigen System gesucht werden, die dazu dienen sollen, die Bevölkerung mit gleichen Rechten und Möglichkeiten auszustatten. Das ist ein Prozess, der etwas Zeit in Anspruch nehmen wird, und daraus entsteht bereits die Vorstufe eurer künftigen Art und Weise, wie ihr eine Art zentrale Versorgungsorganisation einrichtet – ihr werdet euch darauf konzentrieren, dass es niemandem an etwas fehlt und dass alle gleiche Rechte und Möglichkeiten haben. All das wird von zentralen Räten der Regionen sichergestellt, und das wird euch die Gewissheit bringen, dass alle genug zu essen haben und dass jeder ein Dach über dem Kopf hat. Alle werden sich daran beteiligen, und alle werden ihren Beitrag leisten, damit es der Gemeinschaft gut geht. Viele werden erkennen, dass diese Art der Organisation sehr viele Vorteile mit sich bringt und dass jeder Einzelne unmittelbar davon profitiert, wenn es diese alten Machtstrukturen nicht mehr gibt. Nachdem im Zuge des Wandels auch euer Finanzsystem sein Ende finden wird, gibt es auch kein Geld und keine sonstigen Zahlungsmittel mehr, die Einzelnen Macht verleihen könnten, und dadurch wird alles allen gehören und niemand wird jemals wieder Besitztümer für sich alleine beanspruchen. So entsteht nach und nach eine neue Gesellschaftsform, die lediglich einem einzigen Zweck dient – der Erschaffung eines mächtigen Kollektivs, das sich einer höheren Aufgabe widmet. Alle Menschen werden zusammenhelfen, damit das System als solches neu geschaffen wird und dass darin Platz für alle im gleichen Ausmaß vorhanden ist. Diese Ausführungen hier in diesem Buch und in den Büchern, die schon entstanden sind, werden ebenso dienlich sein, wie die vielen Menschen, die sich schon seit geraumer Zeit aktiv auf den Wandel vorbereiten und sich Gedanken gemacht haben, wie die neue Gesellschaftsform aussehen könnte. Diese Menschen werden in den Vordergrund treten und beginnen, ihr Wissen und ihre Gedanken und Visionen kundzutun, und gleich darauf wird die breite Masse erkennen, dass dies genau die Art des Zusammenlebens ist, worauf alle gehofft haben, und schon beginnt sich die Gesellschaft völlig neu zu formen und alle wirken mit – mit sehr viel größerem Eifer, als sie ihn sonst ihrer täglichen Arbeit entgegengebracht haben. So entsteht das neue System in einer Gesellschaft, die auf völlig neuen Werten aufbaut, in dem der Einzelne keine

Macht mehr hat, sondern in der das Kollektiv und das Wohlergehen aller die höchste Priorität genießt.

Frage: Ich beschäftige mich nun bereits seit geraumer Zeit mit den bevorstehenden Veränderungen und verfüge aufgrund meiner Arbeit an diesen Büchern und den unzähligen Informationen, die mir von euch übermittelt wurden, über ein sehr umfangreiches Bild dessen, worauf wir uns freuen können, auch wenn mir bewusst ist, dass der Weg dorthin noch mit vielen Hindernissen belegt ist. Ich entnehme all meinen Informationen, dass wir uns langsam, aber sicher gegen unsere derzeitigen Regierungen auflehnen und der Politik bzw. den Politikern das Vertrauen entziehen werden. Enthüllungen diverser Machenschaften und weitere große Skandale werden die Mächtigen in ihrem Einfluss schwächen. Viele schwere Naturkatastrophen und möglicherweise Krankheiten oder Seuchen werden die Menschheit in ihrer Zahl drastisch reduzieren, und die Machenschaften der Banken und Spekulanten werden unser Finanzsystem zerstören und alle Werte, die jemals in Form von Geld oder Wertpapieren existiert haben, vernichten. Diese vielen Ereignisse werden dazu führen, dass die Menschen mit sich selbst sehr beschäftigt sind und durch Hilfestellung für die Betroffenen keine Zeit und auch keine Absichten mehr bestehen, bestehende kriegerische Auseinandersetzungen fortzuführen. Diese Hilfestellung ist bereits so etwas wie ein erster Test der gegenseitigen Hilfe eines Kollektivs unter dem neuen Bewusstsein. Viele Systeme werden zum Erliegen kommen, und eine Art dauerhafter Generalstreik wird die Wirtschaft zum Stillstand bringen. Stillstand und Chaos werden für eine gewisse Zeit unseren Alltag beherrschen, diverse übernatürliche Ereignisse werden die Menschheit beschäftigen – uns klar vor Augen führen, dass wir hier nicht alleine sind und dass es Wesen gibt, die uns führend zur Seite stehen, auch wenn wir diese bisher nicht sehen konnten. Der positive Effekt daraus wird die Veränderung des Bewusstseins der Menschen sein, und es wird sie öffnen für die neue Form des Zusammenlebens, weil sie erkannt haben, dass die Menschheit so nicht weitermachen kann – wozu es geführt hat, haben die Ereignisse allen vor Augen geführt. Die Regionen werden

Weisenräte wählen und darüber die Versorgung organisieren, und lang-
sam, aber sicher entsteht das Kollektiv, das dafür sorgt, dass es selbst mit
allem ausgestattet ist, was es zum täglichen Leben braucht, und den
Überschuss bereitwillig an andere Regionen abgibt, die in gewissen Be-
reichen einen Mangel erleiden. Dies erfolgt jedoch nach dem magischen
Datum 21. 12. 2012, und ab dann formt sich sehr schnell die neue
Gesellschaft, und die Menschheit wird aufblühen und sich auf ihre ei-
gentliche Aufgabe als Schöpfer konzentrieren.

Sehe ich die Ereignisse so richtig auf uns zukommen, fehlt hier et-
was, oder sehe ich etwas zu dramatisch, und was sage ich den Men-
schen, damit sie keine Angst vor den bevorstehenden Ereignissen und
Veränderungen haben?

Antwort: Du siehst viele Bereiche völlig richtig auf euch zukommen, doch neigst du dazu, etwas zu dramatisch in deiner Darstellung zu sein. Du brauchst nicht davon auszugehen, dass so viele
Menschen die Erde im Zuge des Aufstiegs verlassen werden, das ist
so nicht vorgesehen – richtig ist jedoch, dass ihr euch auf gewisse
Ereignisse einstellen müsst, die dem Aufstieg dienlich sein werden.
Diese Ereignisse sind im weitesten Sinn Naturgewalten, die vieler-
orts hervorbrechen und die natürlich wie immer auch gewisse Opfer
fordern werden. Dies ist die Reaktion der Entladung der negativen
Energien, die in der Erde gespeichert sind und die von den Menschen verursacht wurden. Diese Energien entladen sich und werden
euch in unterschiedlichster Form zu erkennen geben, dass ihr es
selbst wart, die dies verursacht haben, und dass es an euch liegt, das
wieder rückgängig zu machen. Das ist eine der großen Erkenntnisse
daraus. Du hast recht, wenn du voraussagst, dass die Ereignisse dazu
führen werden, dass die Menschen ihre Regierungen nicht weiter
unterstützen und dass sie sich gegen die Mächtigen auflehnen. Das
ist eines der wichtigsten Elemente, aus denen dieser Wandel besteht.
Euer Widerstand gegen die alten Systeme wird dermaßen groß sein,
dass selbst Diktatoren davor zurückschrecken, das Volk weiter mit
Gewalt zu unterdrücken. Ihr könnt euch auf die Wirkung der Massen

verlassen, denn genau diese Masse ist es, die ihre Rechte und ihre Macht zurückfordert. Militärs gehören auch zu diesen Massen, denn sie stehen unter den gleichen Eindrücken, die alle gewonnen haben, und werden diese Bewegung unterstützen. Machthaber werden fallen, und neue Menschen werden in den Vordergrund treten, die dafür sorgen, dass Zuversicht aufkommt und dass neue Systeme mit anderen Werten geschaffen werden. Das ist die wichtigste Erkenntnis, die du daraus ziehen sollst. Weitere Ereignisse werden euch definitiv vor Augen führen, dass Wesen wie wir Engel existieren – ihr werdet uns anerkennen und erkennen, dass wir nur zu eurem höchsten Wohl agieren und uns lediglich deshalb zu erkennen geben, damit ihr versteht, dass wir von euch geschaffen wurden, um euch zu dienen, und dass wir deshalb eure Begleiter sind, weil ihr genau diesen Weg für euch erschaffen habt. Sei unbesorgt, die Menschen werden selbst erkennen können, dass der Aufstieg naht und dass die Entwicklung in diese Richtung geht – niemand braucht sich vor den Ereignissen zu fürchten, denn sie geschehen urplötzlich, und genau so schnell sind sie auch wieder vorbei – die Auswirkungen werdet ihr alle gemeinsam sehr schnell bewältigt haben, denn ihr seid ja alle füreinander da und sorgt zusehends als Gemeinschaft für das Wohlergehen der Betroffenen. Dann, wenn diese Energien entladen sind, wird der Aufstieg und damit die Weitung eures Bewusstseins seinen Höhepunkt erreichen, und ihr seid quasi über Nacht von allen Ängsten befreit und könnt mit neuem Bewusstsein auf eure Tätigkeit als Schöpfer zugehen, und dann kann nichts und niemand mehr euch davon abhalten, eurer Bestimmung zu folgen.

Frage: Welche Vorkehrungen sollten die einzelnen Menschen und Familien treffen, um die Übergangszeit sicher zu überbrücken – wie lange wird diese Phase andauern, und an welchen Zeichen erkennen wir, dass der Zeitpunkt gekommen ist, aufzustehen und sich gegen die alten Systeme auszusprechen?

Antwort: Die Erde kann sich im Zuge des Aufstiegs in die 5. Dimension an keine besonderen Zeitpläne halten – außer dass der Termin zur Weitung eures Bewusstseins mit dem 21. 12. 2012 feststeht. Das bedeutet, dass ihr euch auf kein weiteres Ereignis zu einem festgesetzten Zeitpunkt verlassen könnt, denn es sind zu viele Ereignisse, die sich noch ergeben werden und deren Zeitfolge sowie die Reaktion eurer Gesellschaft darauf nicht vorhersehbar sind. Ihr könnt davon ausgehen, dass die Reaktionen mehr und mehr dem neuen Bewusstsein entsprechen, denn dieser Prozess läuft ja bereits seit geraumer Zeit und sein Höhepunkt steht fest. Je näher das Ereignis zu diesem Datum liegt, desto eher wird die Reaktion gemäß diesem neuen Bewusstsein ausfallen. Ihr werdet nicht in der Lage sein, euch vor all den Ereignissen zu schützen, denn es gibt keinen Schutz, der notwendig wäre, und es soll auch keinen Schutz vor dieser Veränderung geben, denn es ist euch vorherbestimmt, dass ihr diese Erfahrung machen sollt, und daher kann man sich vor diesen Erfahrungen nicht schützen. Wenn ihr glaubt, dass ihr euch vor den Ereignissen zu fürchten habt, dann werden euch diese Ereignisse furchterregend erscheinen, wenn ihr sie jedoch gelassen seht als das, was sie sind – eine Erfahrung, die im Zuge eures Lebens vorherbestimmt ist, dann könnt ihr sie auch gelassen beobachten und euch entsprechend eurem Entwicklungsstand verhalten. Das bedeutet, je eher ihr in eurem Bewusstsein eure Einheit mit der gesamten Schöpfung akzeptiert, desto mehr werdet ihr euch auch danach verhalten können und ohne Furcht auf die Ereignisse zugehen.

Die Erde hat euch wieder

Wenn die Welt zu all dem zurückkehrt, was sie in den letzten Jahren verloren hat, dann bekommt sie nicht nur ihre Energien wieder zurück, sondern neben einer harmonischen Natur auch ein völlig neues und doch sehr vertrautes Wesen – den Menschen, der zwar nach wie vor auf der Erde seine Heimat hat, doch der ab diesem Zeitpunkt ein ganz anderer sein wird, denn das ist nicht mehr dieser gewohnte Mensch, der glaubt, dass er von allen getrennt ist, sondern es ist dies der Mensch, der eigentlich schon immer in seiner Funktion als Schöpfer auf der Erde leben sollte und hier seiner wirklichen Aufgabe nachgeht. Ihr Menschen seid dazu da, um das Leben zu erfahren, es zu spüren und mit allen Sinnen wahrzunehmen. Dazu seid ihr da, und das wird in eurem Bewusstsein tief verankert sein – dies ist der Grund, wozu all das Leben in dieser materiellen Form erschaffen wurde. Ihr solltet es angreifen und beobachten können – ihr solltet fühlen, wie es duftet und wie es schmeckt – ihr solltet all das, was ihr erschaffen habt, auf der Erde in seiner ganzen Pracht erleben können. Ihr seid es, die all das geformt habt und ihr seid es, die dafür gesorgt habt, dass ihr all das in dieser Intensität wahrnehmen konntet, was bisher in all den vielen Jahren geschehen ist.

Seht dies als eure wichtigste Aufgabe auf der Erde – ihr sollt das Erschaffene in seiner ganzen Pracht erleben, und dieses Erlebnis ist wohl das Höchste, was ihr in Form eines Menschen wahrnehmen könnt. Genießt dies jeden Tag und erfreut euch an all den wunderbaren Arten und Formen, in denen das Leben in Erscheinung tritt. Seht alles als das Geschenk des Schöpfers, der euch hierher entsendet hat, um all das zu genießen. Ihr sollt es erfahren mit all euren Sinnen, und ihr sollt es weiterentwickeln. Ihr musstet all die furchtbaren

Dinge erdulden und eure Taten auf eine Weise vollbringen, die eurer Bestimmung widersprach, damit ihr dadurch in die Lage versetzt werdet, all das als Ganzes zu erkennen. Es ist das Ganze, wovon ihr laufend sprecht, denn es gibt kein getrenntes Einzelne, das als Individuum alleine existieren kann – nichts und niemand kann das in dieser materiellen Form – ihr seid Teile eines Ganzen und dieses Ganze heißt Leben!

Das Leben ist ein in sich geschlossener Kreislauf von Geburt, Entwicklung, Verfall und Wiedergeburt. Dieser Kreislauf funktioniert von Anfang an, und er wird in alle Ewigkeit weiter funktionieren, egal was immer auf der Erde geschehen ist oder noch geschehen wird – der Kreislauf des Lebens wird immer funktionieren. Ihr seid es, die diesen wunderbaren Kreislauf erfunden habt – ihr habt ihn erschaffen, und ihr sollt ihn weiter vorantreiben und den Umfang des Kreislaufes weiter ausdehnen. Das ist die einzige Aufgabe, um die es sich dreht, und diese könnt ihr jetzt für alle Zeit in vollem Bewusstsein ausführen. Macht euch eure schöpferische Aufgabe bewusst und erkennt das Leben als einen Prozess, der niemals endet. Ihr seid diejenigen, die dafür auserwählt wurden – genießt es und werdet zu einem Schöpfer, der diesen Namen verdient.

Ihr habt noch viel vor euch, denn die Welt braucht noch viele verschiedene Arten von Wesen, die von höchster Göttlichkeit erschaffen wurden und diese in ihrem Wesen und ihrem Sein zum Ausdruck bringen. Ihr kennt nun eure Bestimmung, und jetzt müsst ihr euch nur noch darauf besinnen, und dann habt ihr all das erreicht, wozu ihr auf die Erde gekommen seid. Lebt es in vollen Zügen – ihr seid es, die das Leben geschaffen habt und die es weiter vorantreiben und entwickeln werden. Ihr seid es, die dazu auf die Erde gekommen sind, und ihr seid es, die das alles vollbracht habt. Ruht in eurer Mitte und erweckt den Schöpfer in euch, damit er auferstehen und sein schöpferisches Werk fortführen kann.

Ihr könnt euch alle auf die Tätigkeit als Schöpfer freuen, denn was gibt es Schöneres, als neues Leben zu erschaffen und zu beobachten, wie es sich entwickelt und den göttlichen Auftrag, den es von euch erhalten hat, Tag für Tag ausführt. Ihr könnt euch die Schönheit dieses Gefühls noch nicht vorstellen, denn dazu müsst ihr erst einmal die Macht, die in euch steckt, erkennen und was euch hindert loslassen, damit die schöpferische Urkraft in euch erwacht. Wenn ihr dies getan habt, dann könnt ihr von da an immer all das erschaffen, was euch wichtig und euren Grundsätzen entsprechend erscheint.

Alles, was noch fehlt, hat einen Namen

Alles, was fehlt, hat definitiv einen Namen, denn alles, was jetzt noch abgeht, seid ihr Menschen. Ihr alle habt einen Namen, und das habt ihr deshalb, damit unterschieden wird, wer ihr seid und was zu sein ihr von euch selbst behauptet. Das ist die individuelle Form des Menschen – es gibt keinen unter euch ein zweites Mal – jeder ist ein Unikat, und das ist deshalb so vorteilhaft, weil jeder mit seiner speziellen Spezifikation die Welt bereichert. Ihr seid einzelne Individuen, die so einzigartig sind, dass ihr es selbst kaum wisst, denn jeder von euch nennt sich zwar Mensch, doch jeder von euch ist ein ganz besonderes Wesen, das sich durch eine Vielzahl von Eigenschaften von den anderen unterscheidet. Ihr seid so wunderbar einzigartig, dass ihr die Bedeutung dessen selbst kaum erfassen könnt, denn die Summe eurer Besonderheiten ist die Besonderheit des Schöpfers. Es ist die wunderbare Vielfalt, die euch ausmacht und die dazu beiträgt, dass ihr auf der Welt so einzigartige Geschöpfe, wie ihr selbst es seid, hervorbringen könnt. Deshalb ist es so wichtig, dass jeder von euch so einzigartig ist, denn die Summe eurer Einzigartigkeit lässt euch zu dem wundervollen Schöpfer werden, der euch erschaffen hat. Ihr seid der Schöpfer und die Geschöpfe selbst!

Wenn ihr nun anfangt, euch mit dem Erschaffen von neuem Leben zu beschäftigen, dann seid ihr einen sehr großen Schritt vorwärtsgekommen. Ihr habt dann die Getrenntheit hinter euch gelassen und eine Phase der intensiven Erfahrung abgeschlossen. Ihr habt dann so viele Veränderungen durchlebt, die euch von einem unerfahrenen Geschöpf zu dem hat werden lassen, was ihr jetzt bereits seid und was ihr sehr bald sein werdet – ein Schöpfer. Ihr habt dann die Wahl, ob ihr euch mit der intensiven Gestaltung eures Sterns auseinandersetzt oder ob ihr euch um die Versorgung der Menschheit kümmert. Ihr könnt dann sowohl die eine als auch die andere Aufgabe wählen – und zwischendurch bleibt immer noch Zeit, um auch noch an den anderen Aktivitäten teilzunehmen. Es wird Menschen geben, die sich hauptsächlich mit dem Erschaffen beschäftigen, und es wird Menschen geben, die hauptsächlich die anderen Menschen darin unterstützen, indem sie sich um die Versorgung der Gemeinschaft kümmern. Das ist die Besonderheit eures neuen Lebens, denn ihr könnt einmal das Eine und einmal das Andere tun, je nachdem, wozu ihr gerade Lust und Laune habt. Ihr könnt es immer selbst entscheiden. Wenn ihr eure Wahl getroffen habt, dann werdet ihr mit großem Eifer an die Arbeit gehen und euch nicht beirren lassen, denn ihr kennt euren Auftrag. Er lautet, entweder der Gemeinschaft dienlich zu sein und euren Beitrag dazu zu leisten oder für alle zusammen die schöpferische Tätigkeit auszuführen, die dafür sorgt, dass das Leben im Universum Verbreitung findet. Ihr habt es selbst in der Hand – je nachdem wozu ihr euch berufen fühlt – das könnt ihr alle selbst entscheiden. Freut euch auf diese Wahlfreiheit, denn alles andere wird von der Gemeinschaft erledigt – ihr habt sonst keinerlei Sorgen um die Erfüllung eurer Bedürfnisse, denn alles ist organisiert, und keiner leidet unter einem Mangel – das ist das neue Leben als Schöpfer auf der Erde. Ihr werdet von Mutter Natur wunderbar versorgt, und die Fähigkeiten eures Geistes sorgen für den Rest eurer Aufgabe auf dem Stern Erde.

Wenn ihr begonnen habt, diese Aufgaben auszuführen, dann habt ihr das große Ziel eurer Inkarnation erreicht – es gibt dann auf der Erde keine anderen Erfahrungen mehr zu machen, als jene, die sich mit dem Erschaffen neuen Lebens beschäftigen. Ihr habt dann die große Entwicklung eurer Persönlichkeit und eurer Weisheit abgeschlossen und könnt beginnen, euch auf die höchste Stufe eurer Entwicklung zu begeben, die in Form eines lebenden Menschen auf der Erde möglich ist. Ihr seid dann dort angekommen, wohin ihr immer gelangen wolltet – zum Schöpfer auf Erden, der den Schöpferstern zu neuem Leben erblühen lässt und der dafür sorgt, dass Abbilder der Mutter Erde ins ganze Universum ihr Licht des Lebens hinausstrahlen.

Ihr habt jetzt den Weg vor euch, der euch auf diese Aufgabe vorbereiten wird – ihr habt jetzt den Weg eingeschlagen, der euch in die Dimension emporhebt, die die schöpferische Dimension bedeutet. Ihr seid dann auf der Stufe angelangt, die ihr erklimmen wolltet, um eurer Aufgabe gerecht zu werden. Ihr habt den mühsamen Weg gewählt, um all die Erfahrungen in der Getrenntheit zu machen, und jetzt habt ihr diese Stufe erreicht, auf der es nur noch eine Hauptaufgabe gibt – das Erschaffen neuen Lebens und die Bildung einer starken Gemeinschaft, die dazu auserkoren wurde, dem Leben auf der Erde und im Universum neue Strahlkraft zu verleihen.

Die Welt hat sich auf das Niveau des Schöpfers emporgehoben und der Stern Erde hat die Aufgabe des Schöpfersterns übernommen. Ihr habt es geschafft, euch auf dieses Niveau hochzuarbeiten, damit es der Welt genau so ergehen kann, wie es von der ursprünglichen Schöpfung vorgesehen war. Ihr seid diejenigen, die diese Schöpfung vollbracht haben, und ihr seid es auch wieder, die dafür sorgen, dass diese Schöpfung weiter ausgebaut wird. Ihr habt den Auftrag angenommen, den ihr euch selbst auferlegt habt, und jetzt könnt ihr ihn bald in Angriff nehmen. Der Weg dorthin wird euch noch etwas Mühe bereiten und Erkenntnisse bescheren, doch er wird euch genau zu diesem Ziel führen, und dann ist die Welt um einen großen Schöpfer reicher geworden. Der Schöpfer selbst wohnt dann in Form von vielen einzelnen, besonderen Individuen auf dem Stern Erde, und er führt sein Schöpfungswerk fort, wie er es seit eh und je vorgesehen hat.

Abschließende Fragen und Antworten

Es folgen nun Fragen zu verschiedenen Themenbereichen, die mir zwischenzeitlich von Lesern der beiden vorangegangenen Bücher gestellt wurden. Möglicherweise passt nicht alles direkt in den Kontext des Buches, doch scheinen sie mir im Sinne des größeren Zusammenhangs passend zu sein. Ich habe Erzengel Jophiel um Antworten in möglichst ausführlicher Form gebeten:

Frage: Die dunklen Mächte, woher kommen sie, wer hat sie geschaffen, wie kann man sie „besiegen", wie kann man sich davor schützen, werden sie jemals verstummen, friedlich werden oder sich zu lichten Wesen entwickeln?

Antwort: Die dunklen Mächte sind ebenso wie die lichten Mächte von Anfang an erschaffen worden. Es war Gott, der auch die dunkle Seite erschaffen hat, damit es die Dualität überhaupt geben kann. Diese Dualität ist das Wesentlichste für euer Leben auf der Erde, denn ihr könntet eure Erfahrungen nicht machen, wenn es den Gegenpol nicht geben würde. Ihr seid auf der Erde in der Dualität gefangen, aus der könnt ihr nicht ausbrechen, was ihr jedoch tun könnt, ist, euch für die lichte Seite zu entscheiden und die dunkle Seite als das anzuerkennen, was sie sein soll – ein Gegenpol, der unbedingt erforderlich ist. Verdammt die dunkle Seite nicht, sondern seid dankbar, dass sie euch gezeigt hat, was ihr nicht seid, und deshalb braucht ihr auch keine Sorge zu haben, denn die dunkle Seite kann euch nichts anhaben. Ihr werdet die dunkle Seite niemals ganz auslöschen können, doch könnt ihr sie im Zaum halten und ihr damit die Möglichkeit nehmen, von euch Besitz zu ergreifen. Dies schafft ihr, indem ihr so viel Licht wie möglich ausstrahlt und dadurch der dunklen Seite die Lebensgrundlage nehmt. Diese Grundlage besteht aus eurer Angst und euren negativen Gedanken. Entfernt euch davon und ihr werdet mit der dunklen Seite niemals in Kontakt treten, da sie über euch keine Macht haben kann. Alle Wesen, die mit der dunklen Seite zusammenarbeiten – die meisten tun dies unbewusst –, können sich nur sehr schwer davon befreien, denn je intensiver ein Mensch von den dunklen Gedanken befallen ist, desto heftiger ist auch die Auswirkung auf sein unmittelbares Leben. Es mag sein, dass ihm seine Grausamkeit eine Art Macht verleiht, doch wird es ihn nie wirklich zufriedenstellen. Er wird immer davon abhängig sein, sich weiter damit zu beschäftigen, wie er über dunkle Gedanken und Handlungen den anderen Menschen Angst einflößt, und je mehr ihm das gelingt, desto mehr Macht wird er auf die anderen Menschen ausüben können. Je weniger sich die Menschen fürchten, desto weniger Macht wird er haben, und daher braucht ihr euch lediglich der Angst zu entledigen, und schon hat die dunkle Seite keine Macht mehr über euch. Je weniger ihr keine Angst mehr habt, euer Leben zu verlieren, da ihr ja unsterblich seid, desto weniger wird man euch danach trachten. Ihr seid unsterblich, und es gibt daher keinen Grund, sich vor dem Verlust des irdischen Lebens zu fürchten. Nehmt euch diese grundsätzliche Information sehr zu Herzen, denn ihr entmachtet damit alle dunklen Mächte in dem Augenblick, wenn ihr eure Furchtlosigkeit zeigt. Das Ziel ist, den Menschen, die der dunklen Seite zugeneigt sind, klarzumachen, dass auch sie lichte Wesen sind und dass auch sie ins Licht gehen können, sofern sie sich von der dunklen Seite abwenden, und deshalb müsst ihr den Menschen klarmachen, dass es notwendig ist, sich selbst zu hinterfragen, um festzustellen, wer man wirklich ist, und dann beginnt bei ihnen ebenfalls ein Prozess, der sie über kurz oder lang zur lichten Seite führen wird. Ihr alle seid diesen Weg gegangen, und ihr alle wart einmal ein Tyrann und ein Mörder und habt irgendwann einmal in euren Leben der dunklen Seite sehr viel Macht verliehen und sie sogar durch euer Handeln zum Ausdruck gebracht, doch das habt ihr alle im Laufe der Inkarnationen verstanden, dass es nicht eurem Naturell und eurer Abstammung entspricht, dass ihr der dunklen Seite zugetan bleibt, und deshalb seid ihr den Weg ins Licht gegangen, auch wenn der letzte Schritt dorthin jetzt noch fehlt. Doch das macht nichts, denn den werdet ihr jetzt tun, und das wird euch endgültig aus den Abhängigkeiten von der Angst und der dunklen Seite befreien.

Frage: Massenmörder, Tyrannen, Diktatoren und andere Menschen, die bewusst anderen Menschen Schaden und Schmerzen zufügen bzw. ihnen gewaltsam das Leben nehmen – was geschieht mit diesen verirrten und scheinbar unverbesserlichen Seelen, wenn sie die Erde verlassen haben, und wie sollen wir mit diesen Menschen umgehen?

Antwort: Ihr habt die Möglichkeit, diesen Menschen genau so zu begegnen wie ich es euch zuvor beschrieben habe – zeigt ihnen eure Unerschrockenheit, und zeigt ihnen, dass ihr keine Angst vor ihren Drohungen habt, dann werden sie davor zurückschrecken. Ihre Gewalt und Ihre Machtausübung gelingt ihnen nur dann, wenn ihr euch davor fürchtet. Tut ihr dies nicht, so werden sie sich auch nicht mehr darum bemühen, ihre Drohungen wahrzumachen, denn sie sehen die Sinnlosigkeit ihres Gewaltaktes und werden eher verstört den Rückzug antreten. Diese Menschen werden sich dann fragen, warum sich die anderen denn nicht mehr fürchten, und sie werden plötzlich erkennen, dass sie dadurch ihre Macht verloren haben. Dies bringt sie zum Überlegen und macht aus ihnen einen anderen Menschen als den, der sie bisher gewesen sind, denn sie beginnen das Phänomen, das ihnen völlig unbekannt war, zu hinterfragen und erkennen die lichte Seite. Diese Seite wird ihnen dann den Weg weisen. Wenn diese Menschen die Erde verlassen, dann werden sie wie alle anderen Menschen auch in das Reich des Lichts zurückkehren, aus dem sie hervorgegangen sind, und dort werden sie ihren Entwicklungsweg fortsetzen, wenn auch auf einem weit tieferen Niveau als die anderen Seelen. Je nachdem auf welcher Ebene

167

sich der Mensch bzw. die Seele befindet, wird er wieder losstarten in seiner Entwicklung, so lange bis er den Weg zur höchsten Stufe eingeschlagen hat und dort ankommt, wo er hergekommen ist.

Frage: In welcher Form begegnen uns die dunklen Mächte auf der Erde?

Antwort: Die dunklen Mächte, wie du sie hier bezeichnest, sind letztlich nichts anderes als dunkle Wesen, die ihren Weg ins Licht noch nicht gefunden haben. Es sind genauso Wesen, wie ihr es seid, doch ist deren Weg aus einem bestimmten Grund in die andere Richtung verlaufen als ursprünglich vorgesehen. Es sind Wesen, die in unterschiedlicher Form unter euch weilen und euch immer wieder einen Streich spielen. Sie spielen euch diese Streiche aus dem Grund, weil sie glauben, dass es unbedingt notwendig ist, weitere Anhänger zu finden, die mit ihnen gemeinsam daran arbeiten, den Aufstieg ins Licht der einzelnen Wesen zu unterbinden. Das möchten sie in erster Linie erreichen. Diese Wesen leben unter euch in Form von Menschen und in Form von Geistwesen, die ihr nicht sehen könnt und die doch vorhanden sind. Sie sind aber eher kaum in der Lage, euch Schaden zuzufügen, denn sie können in der aufsteigenden Schwingung nicht weiter bestehen und versuchen daher, diese Entwicklung zu unterbinden. Es fällt ihnen zunehmend schwer, sich mit diesen Energien zurechtzufinden. Jeder Mensch, der von sich aus den Weg zum Licht geht, ist für sie nicht erreichbar, und sie können diesem Menschen nichts anhaben. Sie finden ihre Opfer unter den Menschen, die sich nicht für den Weg zum Licht öffnen möchten und vehement dagegen arbeiten und keine Entwicklung zulassen. Diese Menschen können von den dunklen Mächten beeinflusst werden und daher noch tiefer in die Dunkelheit abdriften. Ihr seid jedoch zu viele auf der Erde, die den lichten Weg gehen, und damit finden diese Mächte keinen Zugang zu euch und können auf gar keinen Fall euren Aufstieg verhindern. Sie sind Wesen, die sich nicht länger wohlfühlen und daher verzweifelt nach

Möglichkeiten suchen, um sich neu zu formieren. Das ist jedoch in dieser Energie nicht möglich, und somit verschwinden sie zusehends aus eurer Gesellschaft. Ihr braucht euch nicht davor zu fürchten, denn wenn ihr der lichten Seite entgegensteuert, dann können sie nicht mit euch mithalten und ihr lasst sie hinter euch.

Frage: Wir haben in diesem Buch viel über Heilung gesprochen, da drängt sich die Frage auf, warum es Menschen gibt, die ein nach unseren Ansichten lasterhaftes Leben führen, sich von Fastfood ernähren, wenig Bewegung machen, Alkohol trinken, Zigaretten rauchen u.v.m. und sich trotzdem eines langen und gesunden Lebens erfreuen, wo andere schon nach kurzer Zeit Krankheitssymptome entwickeln – warum ist das so?

Antwort: Es ist eine Besonderheit des Einzelnen, denn es hängt sehr viel von der Einstellung des Einzelnen zu sich selbst ab, ob er diese lasterhaften Verhaltensweisen auf längere Zeit aushält oder ob er erkrankt, damit seine Seele ihn zwingt, sich eine alternative Vorgehensweise zu überlegen. Dieses Individuelle ist ein Teil eurer Persönlichkeit, denn so mancher mag sich des Schades für seine Gesundheit bewusst sein, doch der andere lebt im Einklang mit seiner Überzeugung, dass er davon keinen Schaden nehmen wird, und schon hat er einen schöpferischen Gedanken geboren, der ihn definitiv vor den gröbsten Auswirkungen schützt. Das ist eine Besonderheit eurer Gedanken, denn diese sind, wie ihr ja zwischenzeitlich erfahren habt, schöpferisch. Ihr müsst jedoch zur Kenntnis nehmen, dass niemand völlig schadlos bleibt, wenn er so einen Lebensstil pflegt, denn es ist auf keinen Fall für den Körper förderlich und daher ist jedem davon dringend abzuraten! Ihr habt alle die freie Wahl, auf welche Art und Weise ihr euer Leben führt, doch müsst ihr auch zur Kenntnis nehmen, dass ihr euren Körper hegen und pflegen müsst und ihm nur die hochwertigsten Stoffe als Nahrung zuführen sollt, damit er vital und gesund bleiben kann. Ihr habt jedoch die Möglichkeit, zwischendurch einen Verstoß gegen die strengen

Vorgaben, die ihr euch selbst gemacht habt, zu dulden, damit das Leben, wie ihr sagt, auch einmal Spaß macht. Doch wenn ihr die grundlegenden und durchaus bekannten Maßnahmen zur Gesunderhaltung des Körpers kennt, dann werdet ihr auf jeden Fall keine dieser Verhaltensweisen für einen längeren Zeitraum aufrecht erhalten. Ihr könnt euch darauf verlassen, dass jeder, der so einen Lebensstil pflegt, über kurz oder lang eine Zurechtweisung der Seele erfährt, und diese kann dann durchaus heftig ausfallen. Somit ist keiner davor gefeit, sich eine schwere Krankheit einzufangen, damit er endlich beginnt umzudenken. Warum manche dies sehr lange durchhalten, liegt zumeist daran, dass sie bereits sehr viele ihrer Aufgaben in diesem Leben erfüllt haben und die Seele ihren Auftrag schon beinahe vollständig ausgeführt hat, und dadurch besteht keine dringende Notwendigkeit, in das Leben des Einzelnen einzugreifen, damit er seinen Körper für die noch geplanten Erfahrungen funktionstüchtig erhält. Dies hängt eben vom aktuellen Entwicklungsstadium des Einzelnen ab.

Frage: Dieses Buch trägt den Titel „Die Heilung, die dir zusteht" und lässt daher vermuten, dass es sich darin um Krankheiten handelt und deren Behandlung und Vermeidung. Wenn ich jetzt aber auf den Inhalt dieses Buches zurückblicke, dann muss ich erkennen, dass wir zwar viel über das Thema Heilung und die Entstehung von Krankheiten gesprochen haben, doch die eigentliche Erwartungshaltung nur teilweise erfüllt wurde – vielmehr ist dieses Buch eine hervorragende und ebenso wichtige Ergänzung meiner beiden vorangegangenen Bücher. Warum hast Du diese Kombination und diesen Titel gewählt?

Antwort: Ich habe diesen Titel gewählt, weil er etwas kontrovers ist und den Leser innehalten und überlegen lässt, was mit dem Titel gemeint sei. Einerseits sagt er etwas über die Heilung, doch ergänzt das mit „die dir zusteht", was einen gewissen Anspruch auf etwas erhebt, das der Leser nicht weiß. Somit ist es ein Titel, der die Leser im ersten Augenblick verwirrt und sie dadurch für Dinge öffnet, die im Zusammenhang mit dem Aufstieg in die 5. Dimension ebenso wichtig sind wie die Heilung von Krankheiten an sich – eine Kombination aus Heilung und Aufstieg in die nächst höhere Bewusstseinsebene.

Frage: Mir gibt zu denken, dass die Erde im Augenblick an allen Ecken und Enden sehr heftig bebt. Ich denke dabei an Haiti, Chile, Taiwan, Türkei u.s.w. – alles Beben innerhalb weniger Wochen und ganz besonders heftig. In meinem ersten Buch „Die Gesellschaft 2015" habe ich Erzengel Gabriel gefragt, ob das Erdbeben und der dadurch ausgelöste Tsunami in Südostasien mit dem Aufstieg in die 5. Dimension zu tun hatte. Er verneinte dies und wies darauf hin, dass Erdbeben ein durchaus normales Phänomen sind und dass sie immer wieder vorkommen werden. Gleichzeitig hat er uns darauf hingewiesen, dass in nächster Zeit viele verschiedene Ereignisse eintreten werden, und jetzt erscheint mir aktuell die Häufigkeit und Heftigkeit der Beben besonders auffällig und dadurch die Frage an dich, ob sich diese mit der Entladung der negativen Energie, die die Menschheit durch ihre Gedanken erschaffen hat und die in der Erde gespeichert ist, jetzt entlädt und ob dies eine Grundvoraussetzung für den Aufstieg in die 5. Dimension darstellt?

Antwort: Wir können euch in diesem Zusammenhang die Mitteilung machen, dass die vielen Erdbeben, die aktuell vorkommen, durchaus mit der Entladung der Energien, die in der Erde gespeichert sind, zu tun haben. Ihr habt richtig erkannt, dass sich die Erde im Zuge der Erdbeben von dieser Energie befreit, denn sie beeinträchtigt die Fortschritte auf der Erde und muss zuvor entweichen, bevor das Energiefeld der Erde weiter angehoben wird. Ihr könnt davon ausgehen, dass weitere Entladungen stattfinden werden und dass die Erde durch diese Vorkommnisse enormen Veränderungen ausgesetzt ist. Dies betrifft nicht die Erdoberfläche, sondern den Energiehaushalt. Ihr könnt euch grundsätzlich auf viele andere Ereignisse einstellen, die ebenso mit der Entladung der Energie zu tun haben, doch werden diese in anderer Form in Erscheinung treten und nicht sofort als solche zu erkennen sein. Ich will euch diese im Detail nicht durchgeben, denn ihr könntet euch sonst zu sehr davor fürchten, und dies ist nicht notwendig, denn es gibt keinen Grund, sich vor irgendetwas zu fürchten, wie wir ja zuvor bereits ausführlich dargelegt haben.

Frage: Warum sind bei diesen Naturkatastrophen so häufig die Ärmsten der Armen betroffen? Mit Haiti hat es wohl eines der ärmsten Länder der Welt schwer getroffen – diese Menschen hatten doch schon vorher kaum eine Lebensperspektive, und jetzt mussten über 200.000 von ihnen sterben, und Hunderttausende sind obdachlos und haben gar nichts mehr. Ähnlich verhält es sich in der Türkei, wo die einfachen Lehmhütten zerstört wurden, und es gibt viele weitere Beispiele, wo immer wieder die Ärmsten von den Katastrophen heimgesucht werden. Warum trifft es nicht die Machthaber und die Reichsten der Welt, dann wären viele Probleme von selbst gelöst? Wenn so eine Katastrophe z.B. über eine Großstadt hereinbrechen würde, dann gäbe es wenigstens genug Aufsehen, damit die Welt aufwacht und sich ihr Werk vor Augen führen kann!

Antwort: Die Welt unterliegt diesen Veränderungen bereits seit geraumer Zeit, und es wird sich daran in der nächsten Zeit wenig ändern, doch wenn ihr genau hinseht, dann werdet ihr erkennen können, wozu diese Ereignisse gedacht sind, denn sie zeigen euch die Ausweglosigkeit eures Systems, und es zeigt euch die Machtlosigkeit, der ihr euch selbst aussetzt, wenn ihr glaubt, dass ihr all die Schäden wieder beseitigen könnt, wenn ihr euch ausschließlich auf eure finanziellen Möglichkeiten verlasst. Es ist die Ausweglosigkeit, die euch vor Augen geführt wird, damit ihr erkennen könnt, dass die Welt ganz andere Werte verdient hat und die Menschheit gefordert ist umzudenken, damit alles ganz anders werden kann und damit diese schwer gezeichneten Menschen eine faire Chance bekommen, sich selbst zu helfen, denn die Menschen dort haben ja alles, was sie brauchen – ihr Problem ist nur, dass ihnen die Machthaber den Zugang zu den Baumaterialien und zu den Lebensmitteln verwehren, die sie benötigen, um sich selbst zu versorgen. Alles läuft letztlich wieder aufs Geld hinaus, das den Menschen die Möglichkeit nimmt, sich selbst zu helfen. Auf Haiti wachsen mehr als genug Nahrungsmittel, damit sich die Menschen selbst versorgen könnten, doch werden diese lieber von den Machthabern für viel Geld verkauft, damit sie mehr Geld ins Land hereinbekommen. Doch reicht dieses nicht, um den Reichtum der Machthaber noch größer werden zu lassen und zugleich die Menschen zu versorgen und die zerstörten Städte wieder aufzubauen. Das ist der Fluch des Geldes, der über euch lastet, denn es verhindert all die Solidarität, die zwischen den Völkern und den Menschen im Land vorhanden ist. Es fehlt lediglich die Freiheit, all das einfach zu tun.

Die Ärmsten der Armen sind natürlich immer schon die Leidtragenden gewesen, und sie mussten für euch in den entwickelten Nationen immer für die verschiedensten Vorhaben herhalten – ihr habt sie ausgebeutet, ausgenutzt und ihre Länder geplündert, doch das sollte irgendwann ein Ende finden. Jetzt kehrt sich die Solidarität um und ihr habt erkannt, dass ihr diesen Menschen helfen müsst, doch die Ausweglosigkeit, die euch die Situation aufzeigt, wird euch die Frage nahelegen, wie die Probleme vor Ort gelöst werden können, und ihr werdet erkennen, dass es nur auf eine einzige Art geht, indem ihr den Menschen die Freiheit gebt, sich selbst zu helfen, denn dann wird es möglich sein – unterstützt sie mit Know-How und Maschinen, den Rest können sie selbst tun, anstatt auf Almosen von euch zu warten. Ihr sollt erkennen, dass eure Solidarität zuerst den Schwächeren und somit den Ärmsten gelten muss, damit der Reichtum, der weltweit an wenigen Stellen konzentriert ist, auf alle aufgeteilt werden kann und dass die Chancengleichheit hergestellt werden muss. Dies sollt ihr erkennen, und dies ist die Aufgabe der Menschen, die sich dafür dieses Leben in Armut ausgesucht haben. Sie sind sozusagen für euch Entwicklungshelfer, indem sie dieses Leben ausgewählt haben und auf vieles verzichten, damit ihr erkennen könnt, das ihr eine Einheit mit ihnen bildet – dies wissen diese schon lange, doch *ihr* sollt es erkennen. Bei den Ärmsten funktioniert die Zusammenarbeit schon sehr lange Zeit sehr viel besser, und man hilft sich gegenseitig im Rahmen der bescheidenen Möglichkeiten, doch eure Aufgabe ist es, das zu erkennen und euch entsprechend zu verhalten, doch werdet ihr dies erst in vollem Umfang können, nachdem ihr erkannt habt, das ihr die Probleme dieser Menschen nicht mit Geld lösen könnt.

Frage: Ist es vorbestimmt, wie lange ein Mensch auf der Erde verweilt und welches Schicksal auf ihn wartet – inwieweit kann man sowohl das Schicksal als auch die Dauer des Aufenthalts auf der Erde beeinflussen?

Antwort: Ihr Menschen seid natürlich selbst dafür verantwortlich, wie euer Leben verläuft und welche Ereignisse in welcher Form auf euch zukommen. Ihr habt von Anbeginn lediglich einige Erfahrungen bestellt, die ihr im Laufe eures Lebens machen werdet. Diese Erfahrungen sind vorbestellt worden und daher sind sie eine Art Pflichtprogramm, das ihr euch selbst auferlegt habt. Die Dauer eures Aufenthalts ist nicht klassisch vorherbestimmt, außer es gehört zu euren Erfahrungen und zu eurer Vereinbarung mit eurem Familienverband, dass ihr aus einem bestimmten Grund vorzeitig aus dem Leben scheidet, damit andere ihre Erfahrungen machen können. Somit ist auch die Dauer des Aufenthalts flexibel und es obliegt eurer Entscheidung und den Vorhaben eurer Seele, wie lange ihr auf der Erde verweilt, dieser Punkt ist dadurch flexibel.

Frage: Die Babys unterliegen einem besonderen Schutz, doch in Wahrheit sieht es danach aus, als wären auch sie vor gewaltsamen Übergriffen nicht wirklich geschützt, warum ist das so?

Antwort: Eure Babys sind in Wahrheit nicht mehr geschützt, als ihr alle es seid, doch solltet ihr wissen, dass die Babys mit einem Urinstinkt ausgestattet sind, der sie ein ganz besonderes Vertrauen entwickeln lässt, das sie gedanklich vor allen Einflüssen des Lebens auf der Erde beschützt – sie haben ein Urvertrauen, das aufgrund der schöpferischen Gestalt ihrer Gedanken einen sehr hohen Schutz gewährleistet. Übergriffe auf Babys durch Elternteile oder andere Personen sind jedoch dadurch nicht vollständig ausgeschlossen, wenn es auch erfreulicherweise selten vorkommt. Ihr solltet jedoch wissen, dass nichts und niemand vor allem geschützt werden kann, doch die Babys haben eine Besonderheit, und die nennt man Urvertrauen in das Leben – sie vertrauen darauf, dass ihnen nichts passieren wird, und sie liefern sich den Umständen vollständig aus und erschaffen sich daher ein Umfeld, in dem sie behütet und beschützt werden. In Einzelfällen jedoch versagt dieser Schutz, weil dies dann eben Erfahrungen sind, die auf dem Lebensplan stehen.

Frage: Wir haben vor unserer Inkarnation die Möglichkeit, uns unser Leben vorweg in einem Art Hologrammkino anzusehen und uns die Erfahrungen auszusuchen, die wir gerne machen möchten. Ist dieses Hologrammkino nur eine Projektion dessen, was wir gerne haben möchten, oder ist es ein vorbestimmtes Leben, das vielleicht in dieser Form bereits gelebt wurde?

Antwort: Du hast völlig richtig festgestellt, dass ihr die Möglichkeit habt, euer Leben in einem Hologramm bereits im Detail zu beobachten und euch dann dafür oder dagegen zu entscheiden. Dieses Leben ist so in dieser Form noch nicht gelebt worden, denn jedes Leben verläuft einzigartig, und jedes Leben unterliegt keiner vollständigen Vorgabe, wie es genau verlaufen soll, denn euer freier Wille gibt euch die Möglichkeit, das Leben so zu leben, wie ihr es haben wollt. Lediglich die Erfahrungen, die darin gemacht werden sollen, werden im Vorfeld festgelegt – alles andere ist völlig frei gestaltbar und obliegt eurer individuellen Vorstellung, wie es verlaufen soll – daher seid ihr ja so mächtig mit euren Gedanken ausgestattet worden, damit ihr all das erschaffen könnt, was euch passend erscheint.

Frage: Ist die Welt der Seelen auf die Art gestaltet, dass sich jede einzelne Seele in einem Verbund befindet, der aus mehreren Teilen einer Seele besteht, und wie verhält es sich, wenn diese Seelenteile wieder zusammenkommen und ihre Inkarnationen abgeschlossen haben?

Antwort: Ihr habt alle zusammen mehrere Seelenzwillinge, die entweder ebenfalls auf der Erde inkarniert sind oder sich zwischenzeitlich auf eine weitere Inkarnation vorbereiten. Ihr habt danach die Gelegenheit, euch mit euren Seelenzwillingen wieder zu vereinigen, und wenn ihr euren Inkarnationszyklus abgeschlossen habt, dann gibt es eine Art Wiedervereinigung und Verschmelzung der Seelen zu einer Einheit, die auf Basis der unzähligen Erfahrungen jedes einzelnen Seelenteils natürlich enorm weise geworden ist. Diese Weisheit werdet ihr dann den anderen zur Verfügung stellen, um ihnen zu helfen, ebenfalls auf diese Stufe vorzudringen.[1]

Frage: Ich plane derzeit, meinen Wohnsitz zu verlegen, und möchte gerne bereits eine Vorstufe dessen verwirklichen, wie unser künftiges Zusammenleben aussehen wird. Kannst du uns zusammenfassend beschreiben, wie wir künftig unsere Gemeinschaften bilden werden, und unter welchen Kriterien wir zusammenleben?

Antwort: Du bekommst jetzt eine ausführliche Darstellung eures künftigen Zusammenlebens, das natürlich von mir absichtlich ausgesuchte Formulierungen beinhaltet, die nur eine der vielen Optionen darstellen, die ihr künftig haben werdet. Das soll bedeuten, dass es nicht zwangsläufig genau so aussehen muss, doch ein wählbares Szenario ist, das euch zur Verfügung steht:

Du hast viele Freunde und Bekannte, mit denen du in regelmäßigem Austausch über deine Bücher stehst und die mit dir gemeinsame Interessen pflegen. Du solltest dich mit ihnen zusammensetzen und

1 Siehe auch: Vywamus/Tiller *Die Göttliche Seele*. ch. falk verlag
ISBN 978-3-89568-206-3

darüber diskutieren, wie eine mögliche Gemeinschaft aussehen könnte. Darin werden sich gewisse Möglichkeiten widerspiegeln, die euch vor Augen führen, was ihr an gemeinsamen Interessen habt und was ihr alles von eurem künftigen Leben erwartet – all dies könnt ihr dann in eurer Szenario eurer neuen Gemeinschaft einbauen. Das Leben in einer Gemeinschaft der Zukunft sollte so viele Möglichkeiten beinhalten, dass jeder sein Leben in der Form voll und ganz ausleben kann, damit er sich völlig in seinen Interessen verwirklichen kann.

Deine Interessen gelten der Welt des Lichts, und dafür benötigst du einen großzügigen Raum, der dir die Entfaltungsmöglichkeiten bietet, die auf dieser Ebene noch möglich sind. Du möchtest darin Menschen empfangen, die mit dir diskutieren und mit denen du gemeinsam den Kontakt zu uns suchst. Ihr könnt Szenarien für eure Gesellschaft und Visionen für künftige Projekte entwickeln. Das ist der Bereich, der dich persönlich im Bereich geistiger Weiterentwicklung und gesellschaftlicher Förderung betrifft. Für dein Privatleben strebst du großzügige Räumlichkeiten an, die dir Freiheit im täglichen Leben bieten und viel Offenheit mit viel Licht und Luft. Die Räumlichkeiten für deine Lieben sind ebenfalls wichtig, denn auch diese sollten ihren Entfaltungsfreiraum bekommen und ihre Interessen verwirklichen können. So sollte deine Partnerin ihren Raum für ihre Kreativität bekommen und ebenso ihr Sohn einen Raum für sich haben, der es ihm ermöglicht, nicht nur für sich, sondern auch für seine Freunde einen Ort zu schaffen, an dem sie kreativ sein und den Freuden des Lebens nachgehen können. Somit brauchst du alleine mit deinen Lieben schon einmal sehr viel Fläche, die durchaus in voneinander getrennten Gebäudeeinheiten vorkommen können. Dein Sport sollte ebenfalls nicht zu kurz kommen, und dafür wäre ein zusätzlicher Raum für die körperliche Ertüchtigung sehr wertvoll, diesen könnten jedoch andere Bewohner eurer Gemeinschaft ebenfalls nutzen, und somit wäre er auch laufend in Verwendung und nicht nur für dich reserviert. Freunde und Verwandte könnten in dieser Einheit mitintegriert werden, und ihr könntet euch gemeinsam um die Bestellung von Feldern kümmern, auf denen eure Nahrungsmittel wachsen, die ihr tagtäglich braucht – somit gäbe es keine Notwendigkeit, viele Lebensmittel zuzukaufen, da euer Feld sehr viel hergeben würde und alle Teilnehmer an der Gemeinschaft versorgt – darüber hinaus könnte ein Überschuss anderen Gemeinschaften angeboten werden, die euch ihrerseits ihren Überschuss überlassen. Die Bedürfnisse der anderen Gemeinschaftsmitglieder müssten ebenso wie die deiner Familie aufgeschrieben werden, damit alle Räumlichkeiten und Einrichtungen dokumentiert sind, die jeder Einzelne für seine Zwecke benötigt, um die Erfüllung zu finden, die er sich wünscht. Dies wäre dann die Summe aller Interessen, und daraus würde ein Gebäude oder ein Gebäudekomplex entstehen, der all die Möglichkeiten beinhaltet, die ihr euch alle zusammen wünscht. Ihr werdet feststellen, dass es Räumlichkeiten gibt, die nicht nur einer alleine nutzt, sondern die man sehr gut untereinander aufteilen kann. Diese Räumlichkeiten würdet ihr dann gemeinsam so gestalten, wie ihr es benötigt und wie es euch gefällt. Das wäre die Basis für die Räumlichkeiten und die umliegenden Flächen, die euch die nötige Lebensmittelversorgung gewährleisten.

Wenn ihr dann soweit gekommen seid, dass ihr darüber sprecht, wie und wo das Anwesen entstehen soll, dann könntet ihr euch die Hilfe eurer geistigen Führer herbeiholen und sie beauftragen, euch bei der Realisierung des Projekts zur Seite zu stehen. Sie wüssten dann alle, was ihr euch wünscht, und wie du weißt, sind eure Gedanken ja schöpferisch, und wir sind euch sehr gerne dabei behilflich, das zu erschaffen, was ihr euch für euer Leben vorstellt. Dieser gemeinsame schöpferische Akt könnte dann zwar etwas Zeit in Anspruch nehmen, und ihr müsstet ebenso aktiv mitarbeiten, doch wäre es von Bedeutung, dass ihr alle fest daran glaubt, dass dieses Projekt zu verwirklichen ist. Ihr könntet jetzt glauben, dass dies an den finanziellen Möglichkeiten scheitern könnte und dass aufgrund unterschiedlicher Möglichkeiten, die den einzelnen Mitgliedern der Gemeinschaft zur Verfügung stehen, Ungereimtheiten entstehen, doch muss dies nicht sein, da ihr durch die Hilfe von uns auf neue

Möglichkeiten kommen könntet, wie dies für euch machbar wird. Ihr könntet darauf vertrauen, dass das Leben immer einen Weg findet, doch müsstet ihr alle zusammen die Zuversicht und den starken Willen entwickeln, damit dieses Projekt Realität werden kann.

Wenn ihr dann in eurer weiteren Planung auch noch berücksichtigt, dass die Welt aus vielen Individuen besteht, die alle für sich gerne einen Beitrag leisten, damit die Gemeinschaft zum Erfolg kommt, dann wisst ihr bereits, dass dieses Projekt eigentlich nur an euch selbst scheitern kann, da ihr es selbst mit euren Zweifeln unterminieren würdet. Tut ihr dies nicht, sondern vertraut darauf, dass es tatsächlich möglich ist, dann wird es auch einen Weg geben, der es euch ermöglicht. Ihr solltet jedoch darauf Rücksicht nehmen, dass die finanziellen Belange in der aktuellen Gesellschaftskonzeption ein Faktor sind, die die meisten Menschen an der Umsetzbarkeit zweifeln lassen, und dann wird es auch uns schwer gemacht, euch zu helfen.

Ihr könnt euch dann weiter alle zusammensetzen und euch darauf verständigen, wer welche Aufgaben übernimmt und in welcher Zeitfolge diese erledigt werden, damit beim nächsten Zusammentreffen wieder alle Punkte durchgegangen werden können, die notwendig sind, um den nächsten Schritt vorwärts zu machen. In diesen regelmäßigen Treffen würdet ihr alle Erkenntnisse, die ihr zwischenzeitlich erlangt habt, analysieren und eure Strategie danach ausrichten. Dies wird einige Sitzungen erfordern, doch werdet ihr erkennen, dass ihr in zunehmendem Maße ein Projekt entwickelt, das eine Eigendynamik erlangt und irgendwann so weit fortgeschritten ist, dass es gar keine weiteren Maßnahmen erfordert und langsam, aber sicher in die Realität gelangt.

Wenn dies nun geschehen ist, die Erstellung dieser Räumlichkeiten voranschreitet und ihr alle daran in abgestimmter Form teilhabt, dann werdet ihr die Freude erkennen, die euch dieses gemeinsame Projekt bereitet – ihr werdet mit so viel Eifer und Energie daran arbeiten, dass es euch zutiefst erfüllt. Ihr habt dann die notwendige Energie in euch, um all das zu vollbringen – jeder Einzelne wird voll darin aufgehen, und ihr werdet alle zusammen ein Objekt erschaffen, das für jeden all das beinhaltet, was er für die Erfüllung seiner Wünsche und Lebensvorstellungen braucht. Mehr gibt es für die Menschen nicht mehr zu erreichen, dann seid ihr voll an der Spitze eurer Selbstverwirklichung angelangt.

Ihr werdet Plätze schaffen, an denen ihr euch regelmäßig zum Austausch eurer Gedanken und Ideen trefft – ihr werdet gemeinsame Unternehmungen starten und euch auf neue Ereignisse vorbereiten, die ihr zusammen beschlossen habt. Ihr werdet einen Weg finden, um eure Kinder gemeinsam zu beaufsichtigen, damit die Elternteile einzeln nicht so sehr gefordert sind, permanent auf die Kinder achtgeben zu müssen. Ihr werdet gemeinsam kochen und gemeinsam die Felder bestellen und Ausflüge machen, um weitere Ideen zu sammeln und neue Erkenntnisse in die Gemeinschaft einzubringen. Jeder wird seine Ideen frei heraussagen und auch den anderen zur Kenntnis bringen, wenn etwas nicht in seinem Sinne ist. Alle werden dies respektvoll beherzigen und dafür sorgen, dass wirklich alle zufriedengestellt sind. Jeder wird den Teil beitragen, den er gerne beiträgt, und keiner wird jemals Vorwürfe machen, wenn ein Einzelner im Augenblick nichts beitragen will oder kann. Jeder wird liebevoll mit den anderen umgehen und dafür sorgen, dass Wünsche verwirklicht werden. In der Gemeinschaft ist alles erlaubt und alles möglich.

Die Finanzierung des laufenden Betriebs des Projekts werdet ihr leicht aufbringen können, denn ihr habt bereits im Vorfeld dafür gesorgt, dass die finanziellen Möglichkeiten vorhanden sind, und im Zuge dessen habt ihr auch dafür gesorgt, dass von außen Möglichkeiten einfließen, die das Projekt finanziell unterstützen. Dies ist ohne weiteres möglich – ihr müsst nur daran glauben! So gestaltet ihr euer gemeinsames Leben in einer mittelgroßen Gemeinschaft und sorgt dafür, dass jeder in seinem Bereich die Erfüllung bekommt, die er sich wünscht. Ihr könnt dann alle daran teilhaben und euch alle daran erfreuen, dass die Gemeinschaft sich selbst versorgen kann und auf Hilfe von außen nur sehr wenig angewiesen ist. Die Hilfe, die ihr empfangt, werdet ihr in vielfachem Maße auch wieder für andere leisten können, da die Gemeinschaft über so viele Ressourcen verfügt, die andere wiederum nicht haben, und so entsteht ein Projekt von besonderem Ausmaß, das in sich geschlossen ist, aber trotzdem für alles von außen geöffnet bleibt, da die Grenzen des Einzelnen fließend in die Grenzen des Anderen überlaufen und die Schnittstellen viel weicher verlaufen als bisher. Es wird alles geteilt, es bleibt lediglich der Rückzugsbereich für die jeweilige Familie eine Art Heiligtum, das nur dann geöffnet wird, wenn dies auch tatsächlich gewünscht wird. Ihr erkennt, dass dies ein Szenario darstellt, das für euch durchaus vorstellbar ist, das verhältnismäßig einfach zu realisieren ist, wenn alle Interessen jedes Einzelnen berücksichtigt werden – das ist die wichtigste Grundlage für alles, denn nur dann wird jeder sehr gerne in der Gemeinschaft verbleiben, wenn er sich darin selbst verwirklichen kann.

Frage: Es ist in allen meinen Büchern immer wieder ein Thema, dass wir unsere Gedanken zügeln und eine gewisse Hygiene hineinbringen sollen. Aber es gibt Menschen, die sich davor fürchten, allzu positiv in ihren Gedanken zu sein, weil sie Angst haben, sie könnten enttäuscht werden. Manche sagen, dass positiv denken sogar gefährlich sein könnte, weil man sich selbst etwas vormacht, das völlig von der Realität abweicht. Wie gehen wir am besten damit um?

Antwort: Eure gedankliche Hygiene ist von größter Bedeutung, denn je mehr ihr Zuversicht mit euren Gedanken aussendet und je mehr Vertrauen darin steckt, desto eher können sich diese Gedanken in eurer Realität materialisieren. Wenn sich Menschen davor fürchten, dass etwas nicht klappen könnte, weil sie sich zu sehr darauf verlassen, dass es klappt, dann sind sie bereits selbst schuld daran, dass es eben nicht klappt. Alleine der Gedanke, dass es nicht klappen könnte, ist bereits kontraproduktiv, und schon untergräbt derjenige seine schöpferischen Gedanken. Zweifel sind natürlich ebenfalls Gedanken, die sich in der Realität zeigen möchten, und somit ist es natürlich von größter Bedeutung, sich ein klares Bild des gewünschten Zustands zu machen und alle negativen Emotionen davon fernzuhalten. Je mehr dies gelingt, desto eher wird sich auch die Realität danach richten. Das ist das Gesetz eurer Gedanken, die alle schöpferisch sind, und je mehr ihr daran zweifelt, desto eher werdet ihr recht behalten.

Frage: Die Inhalte meiner drei von euch Erzengeln durchgegebenen Bücher sind für all jene, die sich eine Änderung unserer Gesellschaft wünschen, sehr interessant – wir spüren die positive Energie und freuen uns auf die Zeit, auf die wir zusteuern. Die meisten Leser werden mir wahrscheinlich zustimmen, wenn ich behaupte, dass wir uns den großen Wandel am liebsten schon morgen herbeisehnen und voller Ungeduld den Ereignissen entgegenfiebern. Die Begeisterung ist groß, und immer mehr Menschen erzählen ihren Familienmitgliedern und Freunden darüber, doch viele reagieren gegenüber den Erzählungen insofern skeptisch, als sie sich die Veränderungen in so kurzer Zeit einfach nicht vorstellen können. Was können diese Menschen den Skeptikern sagen?

Antwort: Die Welt wird sich von ganz alleine verändern. Die Menschen, die jetzt noch skeptisch sind, dass dieser Wandel in so kurzer Zeit möglich ist, werden sehr bald erkennen, dass sie sich mitten in diesem Wandel befinden und dass eben durch die Ereignisse, die bereits begonnen haben, so viel Veränderung auf der Erde stattfindet, dass es mehr als deutliche Vorzeichen für den Wandel sind. Wir haben euch bereits vor einiger Zeit durchgegeben, dass der Wandel stattfindet, und ihr habt zugesehen, wie sich die Ereignisse immer mehr zuspitzen, und ihr habt erkannt, dass es so wie es derzeit läuft, nicht weitergehen kann – diese Erkenntnis ist bereits ein großer Teil des Wandels, und das war auch die Voraussetzung für die weiteren Aktivitäten, dass ihr euch alle einen Wandel herbeisehnt, auch wenn ihr ihn im Detail noch nicht kanntet. Das war die große Vorstufe, denn von nun an unterstützt ihr gedanklich diesen Prozess sehr intensiv alleine dadurch, dass ihr euch vom derzeitigen System immer weiter entfernt und es zunehmend ablehnt. Ihr könnt euch darauf verlassen, dass alle Menschen in der nächsten Zeit erkennen werden, dass sehr bald etwas passieren muss, denn sonst kann eure Zivilisation nicht weiter bestehen bleiben, und das ist wiederum für alle anderen eine wichtige Erkenntnis, dass die anderen auch jetzt so weit gekommen sind, und dann könnt ihr zusammenarbeiten und euch darauf verständigen, dass ihr den Wandel jetzt intensiv fördert und jeder Einzelne daran teilnimmt, dass sich die Machtstrukturen verändern. Ihr werdet den Beitrag leisten, der noch dazu gebraucht wird, um den letzten Schritt in der Entwicklung zu machen.

Frage: Soll das bedeuten, dass nicht die Umstände und die Schar von Engeln diesen Wandel herbeiführen, sondern dass letztlich wiederum wir selbst dies alles tun?

Antwort: Völlig richtig erkannt – die Veränderungen wurden alle von euch eingeleitet, und der letzte große Schritt über die Schwelle zu einer neuen Gesellschaft wird ganz alleine von euch getan – wir unterstützen euch dabei, indem wir euch die notwendigen energetischen Voraussetzungen liefern, doch den Weg gehen müsst ihr ganz alleine! Ihr werdet durch die Öffnung eures Geistes und die Zugänglichkeit bislang verschlossener Gehirnareale die Möglichkeit vorfinden, euch aktiv für den Wandel zu entscheiden, und dann werdet ihr den Weg aus freien Stücken gehen.

Welche Relevanz haben die Visionen bekannter Seher?

Die Welt wird laufend von vielen Eindrücken begleitet, dazu gehören auch Phänomene wie Visionen, die viele von euch immer wieder einmal haben. Diese Visionen sind aus euren Gedanken entsprungen, die natürlich mit Informationen gefüttert wurden, die ihr von uns erhalten habt. Diese Gedanken spiegeln euch Szenarien wider, wie sie unter Umständen eintreten könnten. Solche Visionen gibt es laufend, und manche werden auch in die Realität kommen, wenn die Zeit dafür reif ist. Bekannte Seher haben häufig Visionen unterschiedlichster Art, doch nicht alle werden in der Realität erscheinen. Manches Konstrukt eurer Phantasie ist immer wieder mit dabei, darum sind diese Visionen nur teilweise mit der Realität in Verbindung zu bringen. Alles, was diese Menschen sehen, ist von ihnen entsprechend gefiltert und von ihrem Erfahrungsschatz beeinflusst. Die Realität daraus abzuleiten, ist nicht wirklich sinnvoll, denn ihr habt laufend so viele Möglichkeiten, euer Leben aus freien Stücken heraus völlig anders zu gestalten, als es vielleicht jemand vorausgesehen hat.

Frage: Was sollen wir mit unseren Ersparnissen anstellen – sollen wir alles Geld ausgeben, Immobilien kaufen, es für wohltätige Zwecke spenden oder es einfach verprassen?

Antwort: Ihr sollt euch keine Gedanken machen, was ihr mit eurem Geld anstellen sollt, um es noch sinnvoll für etwas einzusetzen, bevor es seinen Wert verliert. Ihr sollt aufhören, euch ständig über das Geld Gedanken zu machen, denn es ist nicht wirklich sinnvoll, wenn ihr immer wieder nur daran denkt – lasst es einfach sein und kümmert euch um die viel wichtigeren Dinge in eurem Leben. Ihr seid auf dem Weg in eine völlig neue Gesellschaft, die kein Geld mehr braucht, und nur damit sollt ihr euch auseinandersetzen, denn ihr braucht diese Auseinandersetzung sehr dringend, damit ihr dann, wenn die Zeit gekommen ist, darauf vorbereitet seid und schnell handeln könnt. Nehmt euer Geld und macht damit, was immer ihr wollt, doch sollte es euch Freude bereiten, damit ihr es nicht umsonst angesammelt habt. Lasst es frei fließen zur Freude aller, und dann wird es seinen Zweck erfüllen.

Frage: Sehr viele Menschen schreiben mir, dass sie mit ihrem derzeitigen Job sehr unzufrieden sind, weil sie erkennen, dass es sich dabei lediglich um die Bereicherung auf Kosten anderer dreht und kein nachhaltiger Wert für die Gemeinschaft erarbeitet wird. Sie möchten den

Job am liebsten hinschmeißen, doch brauchen sie das Geld, um ihr Überleben zu sichern. Mir ist es früher ebenso ergangen, und daher kann ich dieses Gefühl sehr gut nachvollziehen – die Frustration steigt und die Menschen suchen nach Auswegen. Was kann ich ihnen sagen?

All jene, die mit ihrem Job derzeit nicht mehr zufrieden sind, können sich voraussichtlich erst in einiger Zeit davon verabschieden, da ihr das Geld für euer tägliches Leben derzeit noch benötigt. Ihr könnt jedoch auch schauen, ob ihr mit eurem Geld, das euch zur Verfügung steht, nicht auch ohne Arbeit auskommen könnt, damit ihr mehr Zeit habt, um euch der Entwicklung hin zur neuen Gesellschaft zu widmen. Nehmt diese Möglichkeit in eure Überlegungen auf, denn ihr könnt nicht mehr lange warten, um euch auf die neue Zeit vorzubereiten – tut dies intensiv, und ihr werdet in diesem Zusammenhang neue Gelegenheiten vorfinden, die euch vorübergehend einen Lohn einbringen, den ihr nur so lange benötigt, bis das Geld seine Macht verloren hat. All jene, die keine Reserven angesammelt haben, sollten hier etwas vorsichtiger agieren und nur ihre Freizeit dazu nutzen, sich auf die neue Zeit vorzubereiten.

Frage: Das Channeling *ist für viele Leser noch immer ein eher verwirrendes Werkzeug, denn viele wissen nicht, wie genau das funktioniert und wie das Medium in der Lage ist, festzustellen, mit welchem Wesen es tatsächlich in Verbindung steht. Darüber hinaus sind die gechannelten Informationen oftmals schwer nachzuvollziehen, und es fällt den Menschen schwer, sich darin die Wahrheit vorzustellen. Viele glauben, dass es da Fehlinformationen gibt und dass es möglich ist, dass die Prophezeiungen gar nicht eintreten. Kannst Du diese Menschen aus deiner Sicht der Dinge aufklären, damit dieser Umstand für alle nahvollziehbar wird und dass sie alle verstehen, wie* Channeling *tatsächlich funktioniert?*

Antwort: Das Channeling ist seit geraumer Zeit ein wunderbares Instrument, um eine Verbindung zwischen uns Lichtgestalten und euch Menschen herzustellen. Es gibt zwischenzeitlich bereits sehr viele Menschen, die regelmäßig mit uns in Kontakt stehen, und das ist ein sehr erfreulicher Umstand für uns und auch für euch, denn es wären euch sonst so viele Informationen unzugänglich. Ihr habt bereits vor Jahrzehnten Informationen übermittelt bekommen, die euch geholfen haben, die Entwicklungen besser zu verstehen und unsere Welt zumindest im Ansatz begreifen zu können. All dies wäre ohne Channeling nicht möglich gewesen. Ihr Menschen habt so viele Bücher empfangen, die euch auf das Leben in der nächst höheren Dimension vorbereitet haben und die euch Informationen über das Leben vor und nach dem Tod gegeben haben, damit ihr euch langsam, aber sicher ein Bild davon machen konntet, wer ihr denn überhaupt seid und warum ihr auf die Erde gekommen seid. Ihr habt all dies empfangen, weil es Channeling gibt und weil sich Menschen auf diese Art der Kommunikation konzentriert haben. Vieles wäre ohne Channeling bis heute auf der Erde nicht möglich gewesen. Die Menschen, die sich via Channeling mit uns in Verbindung setzen, haben durch die Vielzahl von Gesprächen mit verschiedenen lichten Wesen gelernt, zu unterscheiden, mit wem sie es zu tun haben, und sie haben auch gelernt, dass die wahren lichten Wesen eine ganz andere Energie übertragen als die Wesen der dunklen Seite. Die dunkle Seite fühlt sich ganz anders an. Deren Schwingung ist sehr niedrig, und es entsteht ein beklemmendes Gefühl, wenn ihr dieser Energie ausgesetzt seid. Ihr fühlt euch nicht wohl, und es fällt mit der Zeit garantiert auf, da diese Wesen eine ganz andere Art der Ausdrucksweise pflegen und all das, was ihr auf der Erde macht, beurteilen bzw. verurteilen. Sie verurteilen euch in eurem Sein und euren Handlungen, und daraus ist abzuleiten, dass ihr es mit Wesen zu tun habt, die nicht zu eurem allerhöchsten Wohl beitragen möchten. Sie sind Wesen, die nicht daran interessiert sind, dass ihr eine Entwicklung macht, die euch zum Licht führt, sie möchten dies unterbinden und versuchen daher, euch entsprechend zu beeinflussen. Doch je mehr ihr geschult seid und je mehr ihr den Kontakt pflegt, desto eher werdet ihr diese Wesen sofort erkennen können. Wann immer ihr mit uns in Verbindung tretet, entwickelt sich ein automatischer Schutzschild, der sich von uns auf euch überträgt und den Eintritt der dunklen Mächte unterbindet, da sie in diesen Energiewelten nicht existieren können und daher keinen Zutritt erhalten. Ihr könnt daher gewiss sein, dass der Kontakt zu uns auf höchster Ebene stattfindet, und ihr werdet es auch an den Inhalten und an der Ausdrucksform erkennen können, ob es sich um ein lichtes Wesen handelt oder nicht. Wir hier aus dem Licht sind von euch erschaffen worden, um euch zu dienen – genau deshalb existieren wir, und in dieser Funktion treten wir mit euch in Verbindung, damit ihr all das erfahrt, was ihr benötigt, um euren Weg ins Licht zu finden. Nur dazu sind wir da, und deshalb stehen wir euch auch über das Channeling so gerne zur Verfügung und geben euch all die Informationen, die aktuell für euch wichtig sind und eurer weiteren Entwicklung dienen. Ihr bekommt dies in einer Portion verabreicht, wie ihr es verarbeiten könnt und wie es euch nicht zu sehr beunruhigt, wenn es sich um Veränderungen handelt. Ihr werdet die Informationen immer nur so stark dosiert bekommen, wie ihr sie auch tatsächlich verarbeiten könnt. Wir dienen lediglich eurer Entwicklung, dafür sind wir erschaffen worden.

Wenn ihr also mit einem Erzengel in Verbindung treten möchtet, dann geht in euch und konzentriert euch auf die bevorstehende Kommunikation, lasst euer Energiefeld so hell wie möglich erstrahlen und schwingt eure Energie so hoch wie möglich, damit sie unserer möglichst nahekommen kann. Ein zusätzlicher Schutz vor allen Einflüssen von außen könnte auch durch eine Lichtsäule, einen Lichtkegel gewährleistet sein, der diesen Kanal umgibt, und in diesem Licht können wir miteinander sehr gut kommunizieren. All das ist nur eine Übung der Konzentration und eurer Gedanken, dann seid ihr auf der richtigen Schiene, die direkt ins Reich des Lichts führt, und hier wird jeder von uns sehr gerne mit euch in Verbindung treten, um euch die Informationen zukommen zu lassen, die ihr benötigt, um den nächsten Schritt in eurer Entwicklung zu machen. Wir werden niemals vorgeben, ein anderer zu sein, denn das entspricht nicht unserem Auftrag. Wir sind eben nur dazu erschaffen worden, um euch zu dienen. Wir Erzengel stellen in unserer Energie die höchste dar, zu der ihr Zugang findet, und diese Energie werdet ihr auch immer wahrnehmen können, wenn ihr mit uns in Verbindung steht. Alle anderen lichten Wesen, die eine etwas weniger hoch schwingende Energie haben, die werdet ihr ebenfalls erkennen können, wenn ihr in Kontakt kommt, und ihr werdet euch immer sehr wohl und behütet fühlen, wenn ihr diese Energie verspürt. Ihr werdet völlig frei von Ängsten sein und voller Zuversicht die Informationen aufnehmen und sie in euer Wesen integrieren können. Das zeichnet unsere Energie für euch aus, und darüber könnt ihr euch freuen, denn sie dient eurer Entwicklung.

Die Informationen, die wir euch durchgeben, sind natürlich niemals auf einzelne, ganz konkrete Details gerichtet, denn wir werden euch immer einen gewissen Spielraum lassen und euren freien Willen respektieren, damit ihr erkennen könnt, dass ihr es seid, die letztlich die Entscheidung treffen. Die Wahrheit ist auch nicht immer als solche klar erkennbar, denn durch den Spielraum könnt ihr viele Details selbst entscheiden und entsprechend verändern. Wir geben euch natürlich eine Richtung vor, denn dazu habt ihr uns ja erschaffen, um euch zu führen, doch wie ihr die Details auslegt, das bleibt euch völlig freigestellt. Somit sind Prophezeiungen oftmals auch Interpretationen gewisser Menschen, die aus den Informationen, die sie von uns erhalten, ihre Version daraus ableiten. Doch die Informationen, die ihr in euren Büchern lesen könnt, sind von geschulten und aufrichtigen Menschen empfangen worden, die wir entsprechend zuvor ausgewählt haben, um diese Bücher zu schreiben. Also könnt ihr auf die Inhalte vertrauen, denn sie sind von uns direkt übertragen und unterliegen auch unserer Kontrolle, damit die Botschaften auch so ankommen, wie sie gedacht sind.

Frage: Die Menschen fordern Beweise, denn wir sind nun mal leider so gepolt, dass wir nur glauben, was wir tatsächlich sehen können. Welche

Beweise hast Du für diejenigen, die sich schwertun, diesen Gedanken einfach zuzulassen, anzubieten?

Antwort: Die Menschen, die alles unbedingt bewiesen haben wollen und alles mit Brief und Siegel haben möchten, werden mit Informationen, wie sie hier vorliegen, niemals wirklich glücklich werden. Ihr könntet natürlich die Beweise jederzeit haben, doch wollen wir euch diese nicht unbedingt jedes Mal auf den Tisch legen, denn es ist ein spiritueller Weg, den ihr eingeschlagen habt, und Spirit bedeutet Geist, und es spielt sich alles in eurem Geist ab, und dort sitzt auch eure Überzeugung, und wenn ihr von etwas nicht überzeugt seid, dann wird es euch nicht möglich sein, dies anzunehmen. Den Beweis, den ihr jedoch daraus schlussfolgern könnt, ist der, dass ihr euch vorübergehend auf die Sache einlasst und beobachtet, wie sich die Entwicklung einstellt und welche Informationen und Erkenntnisse euch dann zugetragen werden – wenn ihr nur genau genug hinschaut, dann werdet ihr eure Beweise an allen Ecken und Enden erkennen können, doch dazu müsst ihr euch zuerst öffnen und den Gedanken zulassen, dass es uns gibt und dass wir euch Führung geben, besonders dann, wenn ihr sie am dringendsten benötigt. Ihr müsst es einfach zulassen, und dann werdet ihr erkennen können, dass sich ein Entwicklungsprozess einstellt, der sich nach und nach auf eine Ebene hochschwingt, die euch nicht mehr daran zweifeln lässt. Ihr könnt dann die Entwicklung um euch herum beobachten und sie mit eurer Ausgangssituation vergleichen – das Ergebnis wird sein, dass ihr alles erkennen könnt, was sich zwischenzeitlich verändert hat, und ihr werdet vor allem feststellen, dass ihr es seid, die sich am meisten verändert haben, und das zu eurem höchsten Wohl. Das ist der endgültige Beweis dafür, dass die Entwicklung ins Licht möglich ist und dass ihr davon außerordentlich profitiert, weil euch euer Leben sehr viel lebenswerter vorkommt und weil ihr den Sinn eures Daseins erkennt und danach handelt und automatisch in eine Gefühlswelt vorstoßt, die euch erkennen lässt, dass es viel höhere Ziele zu erreichen gibt, als ihr bislang geglaubt habt.

Das sollte euch Beweis genug sein, und auf diesen Prozess solltet ihr euch alle einlassen, denn nur damit könnt ihr all das erreichen, was es jetzt zu erreichen gibt.

Frage: Körper-Geist-Seele, wie hängt das genau zusammen – die Seele verlässt doch den Körper im Schlaf, und was ist genau der Geist – das wird oft vermischt?

Antwort: Der Geist ist der Teil, der euren Körper dirigiert und die Lebensfunktionen aufrechterhält. Ein Teil von ihm ist der Verstand. Darüber gestaltet ihr den bewussten und aktiven Teil eures Lebens. Der Körper ist das Instrument, durch das ihr das Leben erfahrt und der euch dazu dient, das Leben „am eigenen Leibe" zu verspüren. Die Seele ist der Teil dieses Dreiergespanns, der sich in den lichten Welten bewegt und von dieser Warte aus in der Lage ist, das Leben vorauszuplanen und die Richtung zu steuern. Dies erfolgt immer in Abstimmung mit den Wesen im Licht, die der Seele Unterstützung geben und die die höchste Führung über den Menschen haben. Die Seele kehrt dann zurück und verwirklicht die im Schlaf ausgewählten neuen Aktivitäten. So funktioniert das Gespann dieser drei Elemente, wobei die Seele diejenige ist, die aus dem Hintergrund agiert und dem Geist seinen freien Willen lässt, solange er sich im Rahmen der vorgegebenen Entwicklung bewegt. Nur wenn er den Weg verlässt, dann wird sie eingreifen und zur Ordnung rufen. Das ist die Einfachheit eures Systems – euer freier Wille steht grundsätzlich über allem, sofern er die Erfahrungen zulässt, die für dieses Leben vorgesehen sind.

Frage: Was genau kann man aus der Bibel an Weisheiten annehmen, und was ist vom Bibelcode und ähnlichem, wie z.B. den Palmblatt-bibliotheken zu halten?

Antwort: Die Bibel ist für euch ein Buch voller Weisheiten, die im erweiterten Sinne sehrwohl von Bedeutung für eure Entwicklung sein können. Euch ist die Bibel als Werk Gottes vorgestellt worden, und eure Lehren zielen darauf ab, dass alles darin als absolute Wahrheit anzusehen ist. Dies ist jedoch mit etwas Einschränkung zu betrachten, denn die Bibel wurde in einigen Bereichen missinterpretiert, und die Lehren der Kirchen sind diesbezüglich etwas kontrovers zur eigentlichen Intention, die ursprünglich beabsichtigt war. Die Wahrheiten daraus sind jedoch unbestritten – viele Ereignisse sind definitiv auf Erden so geschehen, doch die Erkenntnisse daraus sollten heute neu bewertet werden. Es ist nicht Aufgabe dieses Buches, im Detail auf weitere biblische Fragen einzugehen, denn darüber müssten ganze Bücher verfasst werden, um eingehend alle Lehren und Ereignisse zu durchleuchten. Dies möchten wir hier nicht tun, denn es würde den Rahmen und das Thema dieses Buches völlig sprengen.

Frage: Es gibt Menschen, die behaupten, dass ewiges drittdimensionales Leben auf der Erde bereits jetzt möglich ist und dass Menschen ohne Nahrung nur von Licht alleine leben können. Ist das richtig?

Antwort: Es gibt viele Menschen, die dieser Meinung sind, und es gibt auch genug Menschen, die von Licht alleine leben können. Ewiges Leben ist jedoch auf der Erde nicht möglich, das ist nicht vorgesehen. Das Leben von Licht als Lebensenergie ist dann möglich, wenn sich Menschen von höchster Entwicklung für diese Art zu leben entscheiden, auch wenn es viel Entbehrung bedeutet, diesen Weg einzuschlagen.

Frage: Was ist eigentlich Lichtarbeit? Man liest immer wieder, dass das von der Kirche abgelehnt wird. Kann man als Katholik z.B. trotzdem damit arbeiten oder daran glauben?

Antwort: Die Lichtarbeit ist im Prinzip nichts anderes als die Arbeit an der Seele der Menschen, und das ist die gleiche Aufgabe, die sich auch die katholische Kirche gestellt hat. Die Seele des Menschen soll wachsen – das ist ihr Auftrag, und deshalb brauchen wir so viele Lichtarbeiter auf der Erde, damit das Wachstum der Menschheit voranschreitet. Die Kirche will auch nichts anderes als das Wachstum der Seele – darüber hinaus will die Kirche gewisse Moralvorstellungen durchsetzen, doch die sind überflüssig, da die Kirche dies nicht zu tun braucht, weil eine Seele, die sich entwickelt, automatisch neue Moralvorstellungen annimmt. Es gibt daher keinen Widerspruch zwischen der Arbeit der Lichtarbeiter und der Grundintention der Kirche. Nichts und niemand sollte sich jemals dagegen aussprechen. Die Harmonie in der Aufgabe ist gegeben, und es gibt keinen Widerspruch, auch wenn man dies vermuten könnte.

Frage: Welche Rolle spielt die Heilige Geometrie in unserem Leben – generell betrachtet und in Bezug auf den Wechsel in eine höhere Dimension?

Antwort: Die heilige Geometrie ist der Baustein des Lebens – alles folgt dieser Geometrie, und ihr werdet diese Muster immer und überall antreffen können. Sie sind euch ein Hinweis auf die Möglichkeiten, die das Leben zur Verfügung hat, doch solltet ihr euch nicht näher mit der Erklärung beschäftigen, denn ihr werdet niemals vollständig dahinterkommen, wie der Baustein des Lebens funktioniert, denn es ist nicht eure Aufgabe, diesen Code zu entschlüsseln und daraus abzuleiten, wie das Leben in letzter Konsequenz funktioniert.

Frage: Es werden mir so viele Fragen gestellt, die ich nur zum Teil in der Lage bin zu beantworten – so viele Menschen kommen auf mich zu und möchten Antworten zu allen möglichen Themen. Ist es sinnvoll, weitere in dieses Buch aufzunehmen – mir scheint, dass die Fragen viel zu tief in die Materie gehen und die Menschen nur noch weiter an den Abgrund des Nichtwissens bringen und sie daher viel zu sehr verwirren. Was meinst Du?

Antwort: Es ist richtig, wenn du sagst, dass die Menschen sich zu sehr mit der Entschlüsselung der Lebensgrundlagen beschäftigen und sich mit Themen befassen, die sie niemals zur Gänze verstehen können. Es ist ebenso richtig, dass ihr nicht deshalb auf die Erde gekommen seid, um euch damit im Detail zu beschäftigen. Ihr habt einen Auftrag zu erfüllen, und dieser Auftrag hat nichts mit der Entschlüsselung des Lebenscodes zu tun und ebensowenig mit der vollständigen Erfassung der göttlichen Schöpfung – euer Auftrag ist es, den Entwicklungsweg in letzter Konsequenz zu gehen, der euch zu dem macht, was ihr schon immer gewesen seid – göttliche Wesen, die die göttliche Liebe in all ihren Gedanken und Handlungen zum Ausdruck bringen – das ist euer Auftrag, und dies solltet ihr auf der Erde verwirklichen. Kümmert euch intensiv darum und vernachlässigt Fragen wie einige der zuvor gestellten, denn ihr werdet niemals vollständige Antworten bekommen, und ihr werdet auch nicht dafür belobigt, wenn ihr euch zu intensiv damit beschäftigt. Eure Belobigung ist das Gefühl, das ihr empfinden werdet, wenn ihr es geschafft habt, die volle Göttlichkeit in euch zum Ausdruck zu bringen. Kümmert euch darum und ihr werdet Erfüllung finden!

Frage: Ich habe das Gefühl, dass es bei vielen Menschen Unbehaben hervorruft, wenn man die Worte „Gott" und „Liebe" in den Mund nimmt. In unserer Gesellschaft gibt es bereits viele Menschen, die an den von den Religionen gepriesenen Gott nicht oder zumindest in dieser Form nicht mehr glauben, und es fällt den Menschen schwer, über die Liebe zu einem völlig fremden Menschen zu sprechen. Darf ich Dich bitten, uns aus Deiner Sicht darzulegen, wie wir mit diesen Bezeichnungen am besten umgehen und wie du sie verstehst?

Antwort: Ihr habt auf der Erde immer noch das Problem, dass ihr uns als Wesen, die ihr nicht sehen könnt, nicht akzeptiert und unsere Existenz in Frage stellt. Daher fällt es vielen Menschen schwer, das Wort Gott und auch das Wort Liebe in den Mund zu nehmen. Ihr seid jedoch diejenigen gewesen, die uns Engel erschaffen haben, und deshalb sprechen wir jetzt in eurem Auftrag zu euch. Darum sind wir hier und genau deshalb seid auch ihr hier, denn ihr habt es so gewollt. Ihr seid der Schöpfer von allem, was ist, und daher seid ihr auch unsere Schöpfer, doch habt ihr dies vergessen. Durch den Weg des Vergessens, den ihr alle gegangen seid, habt ihr natürlich wenig Bezug zu uns, sowie die Erde auch, die aufgrund ihrer aktuellen schlechten Energieversorgung kaum Berührungspunkte mit unserer Welt hat. Das ist uns sehr gut verständlich und daher bemühen wir uns so redlich, mit euch vermehrt in Kontakt zu kommen. Ihr habt alle vergessen, dass ihr Teile von Gott seid, und diese Gottheit, wie ihr sie nennt, ist nichts anderes als ein Teil von euch, der in euch steckt, und diese Gottheit will zum Leben erweckt werden. Ihr seid es, von denen ihr sprecht, wenn ihr den Namen Gott in den Mund nehmt, und das müsst ihr euch ein für alle Mal bewusst machen. Ihr seid es, von denen ihr sprecht, wenn ihr von Göttlichkeit und von Liebe sprecht, denn all das verkörpert ihr, auch wenn es euch heute nicht bewusst ist. Ihr seid es, von denen ihr sprecht, wenn ihr von Güte und Barmherzigkeit sprecht, und wenn ihr vom Schöpfer sprecht, dann sprecht ihr ebenfalls von euch. Wenn ihr mit euch so sehr ins Gericht geht, dass ihr euch selbst beschuldigt, all die Situationen auf der Erde hervorgerufen zu haben, die euch zu dem Punkt geführt haben, wo ihr nicht mehr weiterwisst, um eure Erde zu retten, dann macht ihr einen grundlegenden Fehler, denn ihr müsst verstehen, dass ihr genau aus diesem Grund hierhergekommen seid, damit ihr diese Erfahrung machen könnt, damit ihr erfahren könnt, dass es zwei Seiten gibt, die ihr alle beide erschaffen habt, und dass ihr euch für die eine Seite entscheidet – die Seite des Schöpfers, der in euch wohnt. Letztlich ist dies genau das Ziel gewesen, und dieses Ziel habt ihr jetzt erreicht, und daher werdet ihr den Menschen, die das noch nicht verstanden haben, den Weg zeigen und ihnen klarmachen, dass sie ihre Widerstände aufgeben müssen, um zu dem zu finden, was sie selbst schon immer gewesen sind. Ihr habt die Aufgabe, all das an alle eure Mitmenschen weiterzugeben, damit sie alle verstehen können, dass ihr alle zusammen eine Einheit bildet, die alles zusammen erschaffen hat und die alles zusammen weiter ausbauen kann. Dieses Bewusstsein haben wir versucht, euch durch diese Bücher zu übermitteln.

Frage: Ich erinnere mich an die Trilogie „Gespräche mit Gott" von Neale Donald Walsch – Bücher, die auch für mich hervorragende Einstiegswerke waren – er hat dafür mehrere Jahre gebraucht, um seinen Dialog zu Ende zu führen. Ich habe von euch in wenigen Monaten drei Bücher empfangen – warum habt ihr es auf einmal so eilig?

Antwort: Ihr habt jetzt eine ganz besondere Zeit vor euch, und diese Zeit verläuft sehr, sehr schnell, denn sie ist gekennzeichnet von vielen Ereignissen, die besonders einschneidend sind, und auf diese Zeit möchten wir euch mit diesen Büchern vorbereiten. Das ist der Grund, warum sie in so kurzen Zeitabständen übermittelt wurden. Die „Gespräche mit Gott", die Neale Donald Walsh aufgeschrieben hat, sind deshalb über einen längeren Zeitraum ausgedehnt worden, weil sie eben zu einem Zeitpunkt entstanden sind, wo die Zeit bis zum Aufstieg noch viel länger war und die Entwicklung der Menschheit auf die darin behandelten Themen zuerst noch relativ langsam verlaufen ist. Jetzt ist es allerdings notwendig, Informationen in geballter Form zu übermitteln, damit ihr den Weg in die 5. Dimension besser bewältigen könnt. Es ist für euch von größter Wichtigkeit, dass ihr diese Informationen zur Verfügung habt, denn sonst wäre eure Reaktion auf die Ereignisse der kommenden Zeit schwer abzuschätzen, da die Verunsicherung sicherlich bei vielen sehr groß sein wird, und das sollte nicht sein, und daher auch der Appell an euch alle, diese Botschaften hinauszutragen und möglichst vielen Menschen zur Kenntnis zu bringen, damit alle wissen, was gerade passiert und dass es keinen Grund gibt, sich davor zu fürchten!

Frage: Welche Themen rund um den Aufstieg wurden noch nicht behandelt?

Antwort: Es gibt einige Themen, die in diesem Zusammenhang noch nicht behandelt wurden und die wir natürlich noch näher betrachten werden, damit euer Bild vollständig wird. Warte und habe Geduld, denn wir haben noch viel vor, und das wird dir große Freude bereiten – ebenso wie den Lesern, denn ihr könnt noch sehr viel mehr über eure künftige Art, auf der Erde zu leben, erfahren, doch dazu zu einem späteren Zeitpunkt!

Danksagung

Wie immer am Ende eines Buches ist es an der Zeit, all diejenigen zu würdigen, die dazu beigetragen haben. Es ist mir ein ganz besonderes Bedürfnis, euch allen zu danken, die dieses Buch gelesen haben, denn ihr seid diejenigen, die sich schon seit geraumer Zeit mit dem Thema des Aufstiegs der Menschheit in die 5. Dimension beschäftigen. Ich danke euch deshalb so sehr, weil ihr jetzt in der Lage seid, euch ein Bild davon zu machen, was die Erde und die Menschheit erwartet und wie wichtig es sein wird, dass es viele Menschen gibt, die bereits eine Vorstellung davon haben, was die Menschen tun müssen, um ein Leben in einer Gemeinschaft zu erschaffen, die von Gleichberechtigung und gegenseitiger Fürsorge geprägt ist. Deshalb habt ihr diese Zeilen empfangen, und genau deshalb ist es so wichtig, dass ihr euch eurer Verantwortung bewusst werdet, die ihr damit übernommen habt. Ihr habt von nun an die große Verantwortung für all jene, die davon noch keine Kenntnis haben, damit sie in die Lage versetzt werden, dass sie ebenfalls diese Botschaft erreicht. Ihr tragt die Verantwortung ebenso wie alle anderen, die sich dem Aufstieg verschrieben haben, denn es ist nicht vorgesehen, dass Menschen alleine gelassen werden und im Trubel der Ereignisse ihren Weg verlieren. Dafür ist jetzt jeder Einzelne mitverantwortlich, dass jenen geholfen wird, die sich auf dem Weg in die nächste Bewusstseinsebene fürchten oder vom Weg abgekommen sind. Ihr seid jetzt in der Lage, all denen zu helfen und ihnen vor Augen zu führen, wohin die Reise geht. Deshalb danke ich euch jetzt so sehr, dass ihr diese Verantwortung übernommen habt!

Ihr seid jetzt an der Reihe, denn ihr seid jetzt soweit informiert, dass ihr die Entwicklung, die auf euch wartet, bereits vorwegnehmen könnt und euch so verhaltet, wie ihr es unter dem Gesichtspunkt der Einheit sowieso tun würdet. Nehmt dies als Herausforderung und als Training für die neue Zeit, dann werdet ihr all das bereits vorwegnehmen können. Ihr seid jetzt im vollen Bewusstsein, dass ihr Teile von Gott seid und alle zusammen der Schöpfer selbst, und deshalb werdet ihr es nicht mehr zulassen, dass Einzelne, die ebenso ein Teil des Gesamten sind, aus der Gemeinschaft ausgeschlossen werden – ihr werdet jetzt all das tun, was ihr sowieso bald von selbst getan hättet, denn ihr wisst jetzt so viel mehr als alle anderen und könnt dieses Wissen verinnerlichen und in eure täglichen Handlungen integrieren. Ich danke euch dafür, dass ihr es redlich versucht und die Bewusstseinszustände der neuen Zeit bereits jetzt herstellt – es ist ein willentlicher Akt, zu dem ihr alle fähig seid. Ihr werdet es tun, da bin ich mir ganz sicher, denn ihr könnt gar nicht anders – das Bewusstsein ist bereits in euch eingedrungen und manifestiert sich zusehends – jeden Tag aufs Neue gewinnt eure Persönlichkeit einen Teil des Bewusstseins hinzu, und ihr werdet jeden Tag mehr und mehr von euch selbst überzeugt sein und aus voller Überzeugung heraus all die Taten setzen, die es erfordert, um möglichst viele Menschen schon jetzt auf die Reise ins Goldene Zeitalter mitzunehmen. Der Dank gilt so nicht nur euch, sondern all jenen, die ihr ebenso animiert, an dieser Reise aktiv teilzunehmen und das Bewusstsein in eurem Umfeld zu verbreiten. Dafür gebührt euch größter Dank und Anerkennung für eure Taten, auch wenn es zu Beginn vielleicht etwas ungewöhnlich sein mag, Menschen, die man bisher eher wenig beachtet oder ganz ignoriert hat, mitzunehmen auf eine geistige Entwicklungsreise und ihnen klarzumachen, dass sie ebenso wie ihr ein Teil des Ganzen sind und somit alle die gleichen Rechte und die gleichen Möglichkeiten haben.

Solltet ihr euch auf dem Weg dorthin nicht ganz sicher sein, dann denkt an diese Zeilen, denn sie zeigen euch den Weg, und sie zeigen euch die Möglichkeiten, die ihr haben werdet, wenn ihr euch daran erinnert. Geht diesen Weg konsequent und ihr werdet so viel Freude empfinden, weil der Dank der Menschen, die ihr mitgenommen habt, euch so sehr animieren wird, weiterzumachen. Ihr habt dann eine Lawine losgetreten, die ihr nicht mehr stoppen könnt, und diese Lawine wird euch mit einer Geschwindigkeit überrollen und euch so viele glückliche Momente bescheren, dass ihr euch wünscht, dass diese Lawine niemals zum Stillstand kommt, bis nicht alle Menschen davon erfasst wurden und mit auf die Reise gehen in ein Zeitalter der wunderbaren Selbsterkenntnis des Schöpfers auf Erden. Ich grüße euch und wünsche euch all die Erfahrungen, die ihr im Zuge des Aufstiegs machen möchtet. Ich segne euch mit der Liebe von uns Engeln und verabschiede mich mit den Worten: Gott sei mit euch, denn er ist in euch, und der Schöpfer selbst lebt auf der Erde in Form einzelner Menschen, die zusammen die göttliche Einheit bilden. Seid gegrüßt und lebt eure Aufgabe als Schöpfer von allem, was ist!

Eine Gastbotschaft

Geliebte Erdenbürger, geliebte Menschenkinder!

Es ist jetzt der richtige Zeitpunkt, um euch weitere Informationen zukommen zu lassen, damit ihr die Vorkommnisse auf der Erde besser verstehen könnt. Ihr sollt wissen, dass die Welt auf ein Ereignis zusteuert, das in der Geschichte der Erde einzigartig ist und das euch von nun an eine ganz andere Einstellung zu euch und eurem Leben einnehmen lässt. Diese veränderte Einstellung zu euch selbst ist ein wesentlicher Bestandteil eures Aufstiegs, denn ihr habt jetzt alle verstanden, dass die Erde eine Richtungsänderung braucht, damit sie nicht dem Untergang geweiht ist. Diese Veränderung hat weitreichende Folgen für eure Handlungen, denn sie wird euch dazu anspornen, die Machenschaften der Reichen nicht länger zu dulden. Ihr habt begonnen, euch aufzulehnen und euch gegen die Verhaltensregeln zu wehren, die dazu führen, dass auf der Erde immer noch mehr Lebewesen aussterben und das Leben selbst bedroht ist. Ihr habt begonnen, euch dies nicht länger gefallen zu lassen und euch zusammenzutun, damit sich etwas verändern kann. Im Moment seid ihr jedoch noch nicht mächtig genug, um euch dieser Mächtigen zu erwehren, denn ihre Macht des Geldes hält euch derzeit noch zurück und ihr könnt euch noch nicht durchsetzen. Doch das wird sich sehr bald ändern, denn ihr habt bereits gesehen, dass die Machenschaften der Reichen immer mehr aufgedeckt werden und dass dadurch der Widerstand immer größer wird, da es immer mehr Menschen gibt, die sich davon nicht länger beeinflussen lassen. Jetzt ist der Zeitpunkt noch nicht ganz gekommen, doch sehr bald werdet ihr dazu im Stande sein, den Mächtigen eures Landes klar vor Augen zu führen, dass ihr nicht länger bereit seid, diese

200

Machenschaften zu dulden. Fordert sie auf, sich ebenfalls davon zu distanzieren, und fordert, dass die Welt zurückkehrt zu einem friedlichen Planeten, auf dem Mensch und Natur im Einklang miteinander leben können. Es ist an der Zeit, dass ihr aufwacht und euch alle zusammen einig seid, dass die Veränderungen in eurer Gesellschaft dringend notwendig sind und dass ihr verstanden habt, dass die Systeme, wie sie heute existieren und diese Gesellschaft lenken, nicht länger funktionieren und daher neue Regeln für das Zusammenleben geschaffen werden müssen. Nehmt dies zum Anlass, um darüber nachzudenken, wie sehr ihr alle zusammengehört, und nehmt dies zum Anlass, wie sehr die Welt davon abhängig ist, dass sich der Mensch seiner Einheit mit den anderen Menschen und der Natur bewusst wird. Je mehr diese Einheit entsteht, desto mächtiger wird sie werden, und je mächtiger sie ist, desto kräftiger könnt ihr gegen die Machthaber auftreten und ihnen klarmachen, dass die Erde eine neue Regierung braucht – eine Regierung, die aus weisen Kräften besteht und nicht vom Geld dominiert wird. Eine Regierung, die sich ausschließlich auf die gerechte Verteilung der Ressourcen an alle kümmert und sonst keine Aufgaben mehr hat. Die Regionen werden sich selbst versorgen können und ihre Überschüsse bereitwillig an andere Regionen abgeben – das ist die Grundlage eures neuen Zusammenlebens: Alles gehört allen und jeder hat das gleiche Recht darauf – so lautet die wichtigste Grundregel eures Daseins. Steht auf und helft zusammen, um eine Bewegung zu gründen, die euch hilft, dieses Vorhaben durchzusetzen, denn so könnt ihr den Reichen und Mächtigen zeigen, dass ihr nicht alleine seid – nehmt dies zum Anlass, um eine Organisation auf die Beine zu stellen, die euch hilft, der Welt ein neues Gesicht zu geben – ein Gesicht, das sich von der Gewalt abkehrt und als oberstes Gebot die Einheit aller mit der Natur und dem Planeten auf ihren Fahnen trägt. Nehmt dies zum Anlass, um der Natur eine neue Chance zu geben, damit sie sich von den Strapazen der Vergangenheit erholen kann, und nehmt dies zum Anlass, dass die Menschheit erneut einen großen Sprung vorwärts machen kann – das ist der wichtigste Grund, warum ihr alle zusammen jetzt diese Einheit bilden solltet. Helft zusammen, um euren Planeten ins rechte Licht zu rücken, denn ihr seid diejenigen, die die Macht haben, sich auf der Erde völlig neu zu etablieren, um dieser Zerstörung ein Ende zu bereiten. Helft zusammen und kreiert ein neues Leben in einer neuen Gesellschaftsform unter völlig neuen Voraussetzungen und völlig neuen Werten, die alle ausschließlich im Sinne der Natur geregelt sind. Ich unterstütze euch in vollem Ausmaß dabei und stehe euch zur Verfügung für alle anderen Aktivitäten, die ihr auf die Beine stellen möchtet, um der Welt eine neue Chance zu geben und den Aufstieg in die nächste Stufe des Bewusstseins zu ermöglichen. Ich grüße euch Menschenkinder aus der Welt des Lichts, die über euch wacht und euch die Unterstützung zuteil werden lässt, die ihr benötigt, um diesen großen Schritt zu tun, und ich segne euch mit unserer Liebe und unserer Zuneigung zu euren Intentionen, die aus eurem Herzen entspringen. Nehmt das Herz als Symbol für eure Bewegung, und ihr werdet alle zusammen eine Einheit auf dieser Grundlage bilden können. Nehmt das Herz als Symbol für eure Aktivitäten und für eure Intentionen im Sinne eures Planeten. Ihr habt verstanden, dass es jetzt an der Zeit ist, euch darüber in Kenntnis zu setzen, wer ihr wirklich seid, und ihr könnt euch von nun an immer weiter in die nächst höhere Dimension eures Bewusstseins hineinentwickeln und von dort aus der Menschheit zeigen, wie das Leben auf der Erde sehr viel besser und friedlicher und völlig ohne Mangel funktionieren kann. Nehmt dies zum Anlass, um der Welt die Macht der Einheit vorzuführen, und lebt diese Einheit in vollen Zügen, und ihr werdet zu dem werden, was ihr immer schon gewesen seid – Kinder Gottes und dadurch die mächtigsten Schöpfer im Universum! Ihr braucht euch nur noch damit zu identifizieren und zuzulassen, dass ihr diejenigen seid, die dafür sorgen können, dass die Welt im Glanze des Lichts erstrahlt, das ihr ihr geben möchtet – des Lichts, das aus eurem Herzen entspringt.

Erzengel Michael

Wichtiger Hinweis: Es gibt im Internet eine neue Plattform, auf der alle Interessierten ihre Visionen zu den von Erzengel Michael genannten Themen kundtun und auch die Visionen aller anderen Besucher nachlesen können. Daraus entsteht ein umfassendes Werk an Informationen, wie sich die Menschheit das Leben im Goldenen Zeitalter vorstellt. Besuchen Sie die folgende Website, um sich gedanklich auf die neue Zeit einzustimmen:

www.projekt-herz.com

Eine Meditation zur Heilung der Umstände

Erzengel Michael hat mir eine Meditation für alle durchgegeben, die dazu führen soll, dass jeder für sich die Möglichkeit hat, die Umstände, die zu den vielen Verletzungen seiner Seele geführt haben, zu heilen und dadurch den Frieden in seinem Herzen zu finden:

Genieße den Augenblick, denn es ist ein ganz besonderer – es ist der Augenblick, in dem Du den Zugang zu Deinem Innersten öffnest. Du öffnest den Eingang zu Deinem Herzen, das so wie alles andere von Dir seinen göttlichen Ursprung spüren kann. Du bist ein Kind Gottes und als solches kannst Du all die Liebe und die Güte des Schöpfers in Dir erwecken – Du kannst dich darauf konzentrieren, dass Du völlig wertfrei alle Deine Erlebnisse noch einmal durchgehst, Dich erinnerst und alles von Anfang an noch einmal erlebst. Genieße den Augenblick, denn es ist der Moment, in dem Du Dich und Deine Liebe zu allen Geschöpfen dieser Erde erkennst und voll in Dich integrierst. Du hast diesen Augenblick gewählt, weil Du bereit bist, Dich für die Liebe des Schöpfers zu öffnen, darum öffne nun Dein Herz und lass all die Liebe, die bereits in Dir steckt, frei fließen – lass sie fließen in den freien Raum des Universums und beglücke alle Wesen dieser Erde mit Deiner Göttlichkeit. Du bist heute hierhergekommen, weil Du einen Weg gesucht hast, wie Du Dein Leben mit Sinn erfüllen kannst, und dieser Sinn wird Dir genau in diesem Moment völlig klar und deutlich vor Deinem inneren Auge sichtbar.

Der Sinn liegt darin, die Liebe in Dir und die Göttlichkeit in Dir in allen Augenblicken Deines künftigen Lebens zum Ausdruck zu bringen. Das ist Dein Lebenszweck – die Liebe Gottes, der in Dir sitzt und durch Dich spricht, zur Geltung zu bringen. Das ist die Bestimmung Deiner Existenz, darum nimm es an – nimm Deine Göttlichkeit und Deine Liebe an, und sie werden Dich in allen Momenten der Zukunft begleiten. Öffne Dein Herz für die Liebe der anderen und öffne Dein Herz für Vergebung. Die Vergebung ist eine der größten Tugenden, die ein liebendes Geschöpf ausmacht. Du bist so ein liebendes Geschöpf, und Du bist in der Lage, alle Deine Erlebnisse unter einem völlig neuen Gesichtspunkt zu betrachten, denn alles, was Dir in Deinem Leben widerfahren ist, kann jetzt durch Deine Liebe geheilt werden. Alles, was auch immer in Deinem Leben vorgefallen ist – jeglicher Schmerz, der Dir zugefügt wurde, und jeglicher Verlust, den Du erleiden musstest, wird jetzt geheilt durch die Liebe Deines Herzens.

Du hast alle Möglichkeiten in Dir, diese Liebe aufzubringen, und Du kannst Dir alle möglichen Ereignisse vorstellen und Dich daran erinnern, wie sie abgelaufen sind – das ist der Ansatz für Deine Liebe, denn Du wirst diese Momente des Schmerzes und des Verlustes durch ein anderes Licht und aus einem anderen Blickwinkel betrachten – dem Blickwinkel Deiner Göttlichkeit und der Unsterblichkeit aller Seelen. Du bist hier, um Erfahrungen zu sammeln, und Deine Erlebnisse haben dir viele Erkenntnisse und viel Weisheit gebracht – diese zu gewinnen, war Zweck Deiner Erlebnisse, und diese Erlebnisse sind jetzt an der Reihe, geheilt zu werden – geheilt durch Deine Liebe aus vollstem Herzen. Sende diese heilende Energie an all diese Ereignisse, die Dir widerfahren sind, und genieße das gute Gefühl, wie sie sich langsam, aber sicher in purer Liebe auflösen. Das Einzige, was bleibt, ist die Liebe und die Erinnerung an die Erkenntnisse, die Du daraus ziehen solltest.

Der Schmerz ist vergessen und das Leid ist vergeben, denn die Liebe Gottes kennt keine Wertungen – die Liebe Gottes kennt keine Urteile, die Liebe Gottes verurteilt nicht. Die Liebe Gottes vergibt, und Du bist ein Teil dieses Schöpfers der größten Liebe im Universum. Du trägst diese Liebe in Dir, und Du kannst alles, was immer Du in Deinem Leben erlebt hast, jetzt heilen – nutzte die

Gelegenheit und gehe durch Deine Erinnerungen und heile jeden einzelnen Moment, der Dir in den Sinn kommt – überschütte ihn mit Deiner ganzen Liebe und heile alle Umstände, die damit in Verbindung stehen. Überschütte alles mit der unsagbar großen Liebe Gottes, Du hast Dein Leben so gelebt, wie es von Anfang an vorgesehen war – Du hast Deine Erfahrungen gemacht, und Du hast die Erkenntnisse daraus gezogen. Das hast Du deshalb getan, weil Du dorthin zurückfinden sollst, woher Du stammst – zu Deiner Göttlichkeit, die Dich von Anfang an begleitet hat und jetzt zum richtigen Zeitpunkt darauf drängt, zum Ausdruck gebracht zu werden.

Zu leben ist das wichtigste für Euch auf der Erde, und das Leben besteht aus Erfahrungen, die meistens mit Emotionen verbunden sind. Das geschieht alles deshalb, weil diese Emotionen einprägsamer sind als nur Geschichten, die einem erzählt werden – und genau diese Emotionen haben Dich geprägt und stehen Dir als Mahnmal zur Verfügung, um Dich auf den richtigen Weg zu bringen – auf den Weg zu Deiner inneren Göttlichkeit. Dort befindest Du Dich jetzt gerade in diesem Augenblick, und von dort entspringt all die göttliche Liebe, die Du aufbringst, um Deine Erfahrungen zu heilen. Diese Göttlichkeit spricht ab sofort aus Dir, und sie wird Dich überallhin begleiten, und Du wirst danach trachten, dass jeder Gedanke und jede Handlung unter diesem göttlichen Gesichtspunkt der uneingeschränkten und bedingungslosen Liebe geschieht. Das ist Deine Bestimmung, und genau dieser Bestimmung kannst Du von nun an uneingeschränkt folgen. Nutze sie, denn Du bist die Kraft, die all das ermöglicht hat. Nutze Deine Kraft, um die Liebe in Dir voll und ganz zu entfalten. Alle Engel sind bei Dir, wenn Du in Deiner Liebe ruhst, und alle Deine Lieben werden es spüren, dass Du zu ihnen stehst, auch wenn sie schon lange nicht mehr auf dieser Erde weilen. Gott sei mit Dir!